唐朝诗人的朋友圈

王一凡 著

贵州出版集团
贵州人民出版社

目录

● **冲冠一怒，兄弟从此是路人——骆宾王与卢照邻**
002 | 长大后的神童，有了侠义的心肠
005 | "病相如"在唐朝
009 | 不是不爱，是真的再也爱不起

● **一句好诗，引来杀身之祸——宋之问与刘希夷**
014 | 诗不在写得多，有一句经典就够了
018 | 人品与诗品，中间未必是等号
021 | 一句诗引发的命案

● **一日相知，便是一世知音——王维与孟浩然**
026 | 耐不了寂寞的诗人
030 | 谁还不曾年轻过
033 | 一辈子的知音

- **辋川烟雨，见证一场忘年之交——王维与裴迪**

    038 | 安禄山来了

    039 | 辋川，因为有你才那么美

    045 | 一首诗救了一条命

- **愁心寄月，愿随君往夜郎西——王昌龄与李白**

    049 | 诗仙也曾少年时

    054 | 长安不易，兄弟你要处处小心

    058 | 相聚金陵，却不能相守一生

- **金龟换酒，一切尽在不言中——李白与贺知章**

    062 | 李白入长安

    067 | 不好好当官的诗人，不是好诗人

    071 | 李白和贺知章，究竟谁成全了谁

日月同辉，当诗圣遇到了诗仙——李白与杜甫

076 | 李白下岗

080 | 梁宋有约

085 | 你是我一生的牵挂

初见如故，再见早已是陌路——李白与高适

090 | 一场因站错了队伍引来的牢狱之灾

095 | 高适的小烦恼

098 | 友谊的小船，说翻就翻

兄弟两隔，欲说心事无知己——杜甫与岑参

103 | 奔向凤翔

106 | 想你，想得我又瘦了好几斤

110 | 你是我永远的好朋友

竹里行厨，谢谢你来了——杜甫与严武

116 | 当理想输给了现实

119 | 相逢在四川

122 | 当失望日益加深

● 少年才俊，只因浪名误一生——崔颢与李邕

127 | 当诗坛新秀遇见文学大咖

130 | 被一首诗弄坏了前程的诗人

134 | 艳情诗人只是个传说

● 以德报怨，却被黑了许多年——李绅与张又新

138 | 当学霸选错了Team

142 | 翻云覆雨，命运总是喜欢捉弄人

145 | 当李绅遭遇网络暴力

● 郎心难得，所以宁可对爱缄默——薛涛、韦皋与元稹

150 | 薛涛的"翻车案"

155 | 曾经沧海，也未必真的难为水

159 | 除了诗，不要和姐谈感情

● 死生之契，与你爱如兄弟——白居易与元稹

163 | 因为有你，时光才显得如此美丽

166 | 患难的时候，总有你的温暖给我力量

170 | 纸短情长，写不尽的是我对你的思念

● **相见恨晚，大唐老翁的黄昏情——白居易与刘禹锡**

176 | 当官不成，所以选择当诗人

179 | 扬州一聚，竟然等了二十年

183 | 别说哥老，哥能干得很呢

● **不离不弃，将古文运动进行到底——韩愈与柳宗元**

190 | 韩愈和他的古文运动

194 | 无论身在何处，我都是你最坚定的支持者

197 | 将古文运动进行到底

● **诗界奇才，终负恩师所望——李贺与韩愈**

201 | 被亲爹耽误了的少年才子

204 | 韩门弟子人才多多

208 | 呕心沥血，只为写诗

● 郊寒岛瘦，一生苦命为诗人——贾岛和孟郊
　215 | 苦了一辈子的孟诗人
　219 | 当"岛瘦"遇到了"郊寒"
　223 | 从僧人到诗人，他一直在苦吟

● 一场相识，却是两代恩怨交织——李商隐与令狐绹
　227 | 我们本是好兄弟
　230 | 李商隐的悲催——靠山山倒，靠水水流
　232 | 无论你走多远，我们永远是兄弟

● 因为有诗，一切皆可跨越——杜牧与张祜
　238 | 张祜与他的《何满子》
　242 | 在扬州，一场浪漫的遇见
　245 | 因为知音难觅，所以不分年纪

牛李之间,究竟谁为容巢——牛僧孺、李德裕与杜牧

251 | 杜牧的扬州梦

254 | 当风流才子遭遇政治风云

258 | 迟到的醒悟,找不回的时间

身在江湖,难得一个知己——皮日休与陆龟蒙

264 | 进士及第 ≠ 有官可做

267 | 一刻不见,十分想念

272 | 此生只想与你在一起

同心相知,当狂妄诗人遇到文艺将军——罗隐与钱镠

277 | 罗诗人的科举之路,苦得不可言说

281 | 陌上花开,是钱镠对老婆最深的爱

284 | 谢谢你,给了我最美的一段光阴

一字之师,成就一生至交——贯休与王贞白

290 | 会写诗的和尚,运气不会差

293 | 当热血青年遇到没落王朝

297 | 一字之师

朋友圈

王勃
爱，是真的会消失吗？

22分钟前

♡ 杜审言，沈佺期，骆宾王

杨炯回复王勃：发生了什么？

王勃回复杨炯：去看小骆的朋友圈！

卢照邻：他把我拉黑了

王勃回复卢照邻：我也想把你拉黑

杨炯：我也想

卢照邻：……

就在这一天，初唐四杰的朋友圈在诗坛引起了不小的动静，大家纷纷都在传，他们友谊的小船怎么说翻就翻了！

这场风波的导火索是骆宾王发了条动态，说他要和卢照邻割袍断义，从此再也不是朋友了。

一石激起千层浪。

这条消息很快就上了热搜，初唐四杰，又一次被推到了风口浪尖儿上。

据说，这四个人互相倾慕，早已神交许久，而其中，又以卢照邻和骆宾王的关系最好。

可到底是因为什么事情，惹得骆宾王发这么大脾气，冲冠一怒，连兄弟情谊都不要了呢？

冲冠一怒，兄弟从此是路人——骆宾王与卢照邻

◎ **长大后的神童，有了侠义的心肠**

说起初唐四杰，我们认识最早的，当然要数骆宾王了。

还在幼儿园的时候，老师就教我们念他的诗：

> 鹅鹅鹅，曲项向天歌。
> 白毛浮绿水，红掌拨清波。

那个时候，老师告诉我们说，骆宾王写这首诗的时候还是位七岁的小朋友，完完全全就是别人家孩子的模样嘛。

这样的孩子，按照家长理想的发展规划，将来必然是考重点大学、进国家机关的。

然而，这位七岁就会写诗的小神童，却偏偏不照常理出牌，长大以后的他并没能通过科举考试，成为让家长引以为豪的"状元郎"，却做了一位游走江湖的大侠——这反差实在是太大了。

有句话说，性格决定命运，骆宾王的人生完全遵循了这条规律。这位七岁就会写诗的神童，除了书读得好以外，还是位十分有个性的孩子。

举个例子：

骆宾王生活的时代，大唐才刚刚建立，科举制度还不是那么完善。有很多人通过走后门托关系，很容易就能搭上一艘通往仕途的船，并且因此顺风顺水、一路向前。

可骆宾王偏偏就不这么干，他说：

> 且知无玉馔，谁肯逐金丸？

骆宾王在这句诗里用了一个"逐金丸"的典故，讲的是汉武帝的宠臣韩嫣喜欢打弹弓，用的弹丸都是黄金做成的。所以他每次出门打弹弓的时候，后面总是跟着一群穷孩子，像众星捧月一样地追随着他，只要他的弹丸一打出去，孩子们就一窝蜂地追上去捡。

所以"逐金丸"这个典故，完完全全就是追捧讨好权贵的意思，可骆宾王说他才没工夫去干这种事儿呢！

这是骆宾王从小就和别人不一样的骨气与胸怀，所以他长大了以后，第一，没有从科举考场上走入仕途——因为他落选了；第二，他也没老实巴交地回家去务农，做个耕读传家的读书人。

他去闯荡江湖了，史书上说他"落魄无行，好与博徒游"——意思是说他整天就喜欢和一些不学无术的小混混在一起交游赌钱，从不干正经事。

但你可千万不要因此就以为，骆宾王也是个不学无术的小混混。无论江湖有多么险恶，在骆宾王的心里，始终保有着一份纯净、善良与高洁，像他当年写《咏鹅》时一样。

只是现在，他开始咏蝉了：

> 露重飞难进，风多响易沉。
> 无人信高洁，谁为表予心？

什么是蝉呢？我们北方人也把它叫作"知了"——现代人并不怎么喜欢这个在夏日里整天唱个没完没了的小东西，嫌它太聒噪。但在古时候，它可是很多人心目中的圣洁之物——它朝饮甘露，暮吟高枝，从来不屑于低头看向世间的俗物。

所以，骆宾王在诗里说他其实就拥有着蝉一样的品质——表面粗犷，但内心圣洁。他写过一篇非常有名的《为徐敬业讨武曌檄》，就是用来声讨武则天的。在这篇檄文里，他一会儿说武则天是"洎乎晚节，秽乱春宫。潜隐先帝之私，阴图后房之嬖"；一会儿又说武则天是"入门见嫉，蛾眉不肯让人；掩袖工谗，狐媚偏能惑主"。

总之一句话，这个女人太坏了！

这就是骆宾王，不仅快人快语，而且眼里揉不得沙子，对于他看不惯的事情决不姑息。所以闻一多先生评价骆宾王时，就说他是：

天生一副侠骨，专喜欢管闲事，打抱不平，杀人报仇，革命，爱帮痴心女子打负心汉。

这段话活生生就是骆宾王的写真像。

尤其是最后一句"爱帮痴心女子打负心汉"，换句话说，那就是"冲冠一怒为红颜"——只要见着个女的在他面前哭哭啼啼一番，他就能头脑发热，啥也不顾，只想替她申冤报仇。

综合骆宾王这人的性格特点，所以我分析，他突然冒出一句"和卢照邻割袍断义，从此再不是兄弟"的话来，一定是那股子好打抱不平的冲劲又上来了，而且八九不离十，肯定还和哪个女人有关。

◎ "病相如"在唐朝

如果仔细研究一下初唐四杰的性格，你就会发现，在这四个人里面有三个都是暴脾气：

比如骆宾王，敢朝武则天喊话的，这天底下怕是很难找出几个人来，而骆宾王就能算一个。

再来说王勃。他的"落霞与孤鹜齐飞，秋水共长天一色"实在是美得超凡脱俗，完全一副神仙境界的样子。能写这么美的句子的人，也一定是位儒雅俊秀的少年郎。然而你肯定想不到，作者王勃竟然是个杀人犯。

王勃为什么要杀人呢？

这动机怕是连他自己都不一定能说清楚。

被他杀死的这个人，跟王勃平时的关系应该还不错，因为惹上了一场官司，所以就跑来找王勃了。

王勃仗义，二话不说就把这人给藏起来了。

可是后来王勃一打听，此人惹上的官司还不小，而且外面抓他的风声也越来越紧了。

这下王勃慌了，于是干脆一不做二不休，就把那人给杀了——这脾气秉性，也是火暴得再难找出第二个。

另一位是杨炯，照样心直口快，敢说敢做。当他和王勃、卢照邻还有骆宾王被评为诗坛四杰的时候，杨炯对他们四个人的排名感到很不爽——王勃排第一，杨炯排第二，卢照邻排第三，骆宾王排老末。

凭什么呢？凭什么王勃就要排在我杨炯前头呢？我杨炯到底哪

儿比王勃差呢？于是当即发帖喊话：

> 愧居卢前，耻于王后。

排在卢照邻的前头，杨炯说他还有点不好意思，可是排在王勃的后面真是让他感到羞耻啊。

这话摆明了是说王勃不如他！

所以，杨炯也是个有话绝不藏着掖着的直脾气，跟骆宾王和王勃一个样儿。唯独卢照邻老好人一个，面对着这样的一个排名，很是谦虚地说了句：

> 吾喜在王后，耻在骆前。

卢照邻说虽然排在王勃的后头，但他还是挺开心的，唯独有点不安的是，自己怎么有脸排在骆宾王的前头呢？

谦和、低调、为人忠厚而懂知足常乐之道，这大概就是卢照邻吧。所以，我们来看卢照邻的诗：

> 我家有庭树，秋叶正离离。
> 上舞双栖鸟，中秀合欢枝。
> 劳思复劳望，相见不相知。
> 何当共攀折，歌笑此堂垂。

他的这首《望宅中树有所思》，写得既没有骆宾王的志存高远，也没有王勃的超凡脱俗，更没有杨炯的咄咄逼人。

他的诗质朴极了。

当他站在他们家的院子里，看到一棵大树上停栖着两只鸟儿的时候，他就想，其实他也只想有那么一个人能和他天天在一起，就像这树上的鸟儿一样双宿双飞，这样的生活就很好了。

只是可惜天不遂人愿，即使如此简单的生活理想，对于卢照邻来说，也是很难实现的。

卢照邻属于典型的学霸级人物。

据说，他从小就熟读古籍，文章又写得非常好，所以少年英才，很快就得到了皇叔李元裕的赏识，于是整天走到哪儿都把卢照邻带在身边，逢人就说：

> 此吾之相如也。

李元裕这话的意思是说，卢照邻对于他而言，那就相当于当年汉武帝身边的司马相如一样。

司马相如是汉朝的大才子，文章写得非常好。李元裕拿他来比卢照邻那是夸卢照邻呢。可是他却忘记了一件事情——司马相如最后的结局怎么样呢？

司马相如是病死的。

> 休问梁园旧宾客，茂陵秋雨病相如。

在中国文学史上，司马相如的身体不好那是出了名的，他得的是糖尿病，后来就死在了这病上。

  而李元裕这位王爷夸人的心是好的，可你拿谁来比卢照邻不好，非要拿个身体不好的司马相如来比他？

  说得迷信点儿，这个比喻真不是个好兆头。

  但至少，李元裕待卢照邻是真心的好，在他的庇护下，卢照邻风平浪静地生活了将近十年，直到李元裕年老体衰，或许他觉得，是到了该给卢照邻谋个前程的时候了。

  于是，就推荐卢照邻去做官。

  离开李元裕以后，卢照邻做的第一份工作，是去四川新都的衙门里做公务员。但显然，没有了赏识他的李元裕，卢照邻在四川过得并不太愉快。

> 一鸟自北燕，飞来向西蜀。
> 单栖剑门上，独舞岷山足。
> 昂藏多古貌，哀怨有新曲。
> 群凤从之游，问之何所欲。
> 答言寒乡子，飘飖万馀里。
> 不息恶木枝，不饮盗泉水。
> 常思稻粱遇，愿栖梧桐树。

  他说他一北方人，流落到这巴蜀之地，其实是很孤独的。可有什么办法呢？不过是为了那让人既爱又恨的碎银几两，再不愉快的工作也得做。

但他内心向往的,却是一种自由自在的精神世界。

所以,卢照邻在四川郁闷了!

他问"谁能借风便,一举凌苍苍"——意思是上哪儿再去遇到一位赏识他的人呢?

没有了。此后的卢照邻再也没有遇到一个像李元裕那样赏识他、关照他的人。但是,不知道是不是真的"官场失意",往往就能"情场得意"——就在卢照邻生活最为灰暗的一段时间里,一位美丽的四川姑娘出现了!

◎ 不是不爱,是真的再也爱不起

这位美丽的姑娘姓郭,她出现在卢照邻意志最为消沉的一段时光里,两个人一见倾心,很快就在一起了。可就在他们你侬我侬、情浓意浓的时候,卢照邻有事要回京城长安。

郭姑娘自是舍不得的。她问卢照邻:"真的非走不可吗?"

卢照邻说:"我很快就回来,等我回来以后,我们就结婚。"

郭姑娘信了他的话。

目送着他离开,姑娘的心里既欢喜又担忧——喜的是,他虽然离开了,但却留下了一个小生命,正在自己的身体里一点点长大;忧的是,他会不会自此一去,真的再也不回来了?

果然,姑娘身体里的那个小生命出生了,卢照邻没有回来。

那孩子一天天地长大了,卢照邻还是没有回来。

孩子生病了,最需要爸爸的时候,卢照邻没有回来。

孩子因病而亡,郭姑娘痛不欲生,卢照邻还是没回来。

郭姑娘伤心极了。她走过他曾经走过的每一个地方，她坐在他们相识的那间酒肆里，突然就泪如雨下。

"姑娘，你怎么哭了？"有人问她。

这一问不要紧，往事一幕幕全都浮上了姑娘的心头，那些曾经说过的话犹在耳边，怎么人就再也见不到了呢？她把她和卢照邻的故事说给那个人听，可还没有讲完，那人已是怒不可遏，拍着桌子大叫着说，他此生最恨的就是负心汉！

"你告诉我他姓啥叫啥，我一定给你把他找回来。"那人说。

"卢照邻。"姑娘回答。

那人一听到这个名字，当时就傻眼了！

卢照邻？这不是他神交已久的好哥们吗？而他，就是最好替人打抱不平的骆宾王！

当听说卢照邻把郭姑娘丢在四川，而自己却跑得不见了踪影以后，骆宾王骨子里的那股侠义之气立即让他热血满满——他是最见不得男人欺负女人的，哪怕这男人是他神交多年的诗坛好友，他也顾不了那么多了。骆宾王当下找来纸和笔，替郭姑娘写了首长长的声讨诗。

这诗写得句句含泪、声声带血，完全把卢照邻刻画成了一位始乱终弃的负心汉，而郭姑娘呢？

则是一位饱受相思之苦，而身心又遭到巨大创伤的受害人。

悲鸣五里无人问，肠断三声谁为续。
思君欲上望夫台，端居懒听将雏曲。

诗里说，郭姑娘思念卢照邻，是"悲鸣五里，肠断三声"的，可卢照邻呢？

> 也知京洛多佳丽，也知山岫遥亏蔽。
> 无那短封即疏索，不在长情守期契。

卢照邻回长安了，长安遍地是美女，他怕是早就移情别恋了吧！

骆宾王的这首声讨诗一出，立即飞得漫天都是，自此卢照邻的渣男人设算是被他给坐实了。

可奇怪的是，卢照邻对此从未给出过任何解释。难道他是真的始乱终弃，又在长安爱上了别的女人吗？

不，此时的卢照邻哪儿还有闲情去谈恋爱？他是生病了。

李元裕当年一语成谶，他说卢照邻就是他身边的司马相如。果然，卢照邻就像当年的司马相如一样，最终成了一位"病诗人"。

他和郭姑娘分手回到长安以后没多久，就感觉到自己的身体出了问题，很快就严重得连班都上不了了。于是卢照邻辞去工作，来到太白山一处安静的地方，打算在这里静心养病。可这病却怎么养也养不好，最后以至于肌肉萎缩，连走路都变得十分困难了。

这个时候的卢照邻，已是万念俱灰。

至于他和郭姑娘的爱情、他和骆宾王的友情、他在诗坛的梦想，这些对于他来说，都已是"事有不可得而已矣"了。他又能怎么样呢，或许，也就只能"饮泪含声而就死"吧。

卢照邻自杀了。

那位仗义抒怀的骆宾王啊，也不知当他听到朋友死讯的那一刻，有没有流下过一滴略带悔恨的泪水？

我想，他也一定伤心极了。

> 朋友圈
>
> 刘希夷
> 今日游春,看满园花开,
> 突然十分伤感,唉,可叹啊。
> 今年花开颜色改,明年花开复谁在?
>
> 5分钟前
>
> ♡ 沈全期,宋之问
>
> 陈子昂:好诗。
>
> 沈全期:就是难免有些悲观了。
>
> 刘希夷:那么这句呢? 年年岁岁花相似,
> 岁岁年年人不同。
>
> 小舅舅回复刘希夷:删了吧。

大概刘希夷这辈子最后悔的一件事情,就是发了这条朋友圈吧。

他把自己问了一百遍——为什么非要发这条朋友圈呢?

还能为什么呢?

求点赞,求关注,求大家夸他又写了句好诗呗——刘希夷认为他的这句诗值得所有人的夸赞。

可为什么他的小舅舅却非要他把这条朋友圈删了呢?

刘希夷想不明白。赶忙私聊他的小舅舅:"舅,咋了?"

真没想到,他舅竟然会说:"如果你这诗还没有在别的地方发表过,不如给我吧。"

刘希夷一脸蒙,当时就不知道应该说啥了。

一句好诗，引来杀身之祸——宋之问与刘希夷

◎ **诗不在写得多，有一句经典就够了**

说起刘希夷，知道他的人可能并不多，但要是提起他的一句诗，那就太有名了：

> 年年岁岁花相似，岁岁年年人不同。

这句诗出自刘希夷的《代悲白头翁》，几千年以来人尽皆知。所以我常说，刘希夷就是典型的"诗红人不红"。

史书上说，刘希夷不仅容貌俊美，还才华出众——论才艺，他弹得一手好琵琶，走到哪儿都能赢来粉丝无数；论学识，他的诗文写得相当漂亮，二十几岁刚到长安，便在文学界崭露头角，可谓未来可期，前途无量。

然而奇怪的是，刘希夷在长安一待好几年，却一直不温不火，始终没见他在文学圈子里闹出个动静来。

这到底是为什么呢？

原因无非有两个：

一是刘希夷的个性。

往好听里说，刘希夷这个人的个性是放荡不羁、我行我素的。但要说得不好听点儿，那就是耽于酒色，不求上进。他有两大特别的爱好，一个是写诗，另一个是喝酒。据说，刘希夷千杯不倒，喝多少都没事儿。因此，他整天什么正经事情也不干，就喜欢泡在酒肆里。这让那些有心想要提携他的前辈们看见了,难免总要皱一皱眉头——他们觉得这个小伙子也太不求上进了。

还有另一个原因,便是刘希夷写作的范围跟题材限制了他。我们随便挑一首刘希夷的诗来看:

> 春女颜如玉,怨歌阳春曲。
> 巫山春树红,沅湘春草绿。
> 自怜妖艳姿,妆成独见时。
> 愁心伴杨柳,春尽乱如丝。

在这首诗里,刘希夷写一个女孩子在春天的早上打扮得漂漂亮亮地站在窗前,她望着窗外的绿柳如丝,开始想念她的心上人了:

> 频想玉关人,愁卧金闺里。

像这样的诗刘希夷写了很多,全都是表现女孩子这点儿小心事的。这类诗在唐诗的分类里,被归为"闺怨诗"——听名字就知道,是写闺房哀怨的。

其实在唐朝,闺怨诗是很流行的,好多大诗人都写过。

> 闺中少妇不知愁,春日凝妆上翠楼。
> 忽见陌头杨柳色,悔教夫婿觅封侯。

这是王昌龄的闺怨诗，非常有名。他写的也是春天的早上，有一位女子把自己打扮得漂漂亮亮的，站在楼上望着满眼的春色，忽然就感到无比的寂寞。所以，她就有些后悔了——早如此，为什么要让丈夫出门去工作呢？还不如两个人都待在家里看这春色满园，那该多好啊。

这是属于典型的小女人的小心思。

再看下面这首李白写的闺怨诗：

> 美人卷珠帘，深坐颦蛾眉。
> 但见泪痕湿，不知心恨谁。

李白的这首闺怨诗也是写一个把自己打扮得特别漂亮的女孩子，她一个人独自坐在珠帘背后，深锁着蛾眉在想心事。谁也不知道她想的是什么，只是见她想着想着，突然就掉眼泪了——那不用说，她想的肯定是她的心上人。相思最难耐，所以女孩子坐在那里伤心落泪了。

无论是李白还是王昌龄，他们都是唐朝诗人里响当当的人物，但是他们都写闺怨诗。所以就会有人问，难道李白和王昌龄写闺怨诗可以，刘希夷写闺怨诗就不可以吗？

当然不是的，闺怨诗当然可以写，可如果你老写这种诗，难免就会让人觉得你的格局有点儿小。所以李白有"人生在世不称意，明朝散发弄扁舟"，还有"举杯邀明月，对影成三人"；王昌龄不只有"但使龙城飞将在，不教胡马度阴山"，还有"洛阳亲友如相问，一片冰心在玉壶"。

闺怨诗对于他们来说，只是各类题材的诗作里面很少的一部分。他们还有太多的诗在写生命的无常，写自然的宏阔，写胸中的志向还有人生的百态。

但刘希夷不一样了，刘希夷大量的诗作，都是以这些女孩子的小心事为题材的，这不仅让他的粉丝们着急，其实他自己的心里更着急。

怎么才能突破这瓶颈呢？

刘希夷整天苦思冥想，看见什么都想着能不能写出一句惊人的好诗来，简直像是要着魔了。

这一天，正逢春暖花开，刘希夷从酒肆里刚喝完酒出来，春风拂面，送来阵阵的花香，那花开得可真好看，鲜艳而娇嫩，正如一个个时逢青春的女孩子。

看着眼前这些好像青春女子一般娇艳的花朵，刘希夷忽然感慨了——他想他此时在这儿看到的这些美丽的花儿，说不定去年也是这么开过的。到了明年，它们还是会这样鲜艳夺目地开，可到时的自己还能看得到吗？

就这样，一个好句子突然就从他的脑海里冒了出来，他立即抓住了：

> 今年花落颜色改，明年花开复谁在。

这句诗跟他以往只写那些女孩子小心事的诗句完全不同，这一回，他把生命置于广阔的宇宙之间，发出了一声无可奈何的悲叹——花总是年年要开的，可是人呢？今年，我站在这里看这花开得这么好,可明年花开的时候,真不知道我又会在哪里。

想到这里,刘希夷突然惊出了一身冷汗,不会一语成谶吧。于是,他眉头一皱,又想了一句:

> 年年岁岁花相似,岁岁年年人不同。

花总是一年一年地开着同样的颜色,可人呢,一年和一年却不一样了。

这个真的太好了,刘希夷越琢磨越喜欢,他终于突破了自己,写出了一句可以一鸣惊人的诗。此时的他,太想要找一个人来分享他快乐的心情了。这种心情,就跟现代人无论什么开心事都想在朋友圈里炫一炫的感觉一模一样。

于是,他去找他的小舅舅了。

◎ 人品与诗品,中间未必是等号

谁是刘希夷的小舅舅呢?

刘希夷的小舅舅也是位诗人,他也有千古名句留下来:

> 近乡情更怯,不敢问来人。

他就是宋之问。

说起宋之问,其实他和刘希夷的年纪相差不过五六岁,可宋之问的辈分高,刘希夷只能唤他一声"舅"。

但刘希夷是真地敬慕宋之问的，不只因为宋之问是他的舅舅，还有一个非常重要的原因，是宋之问的诗确实写得太好了。

据说有一回，武则天在一次文学聚会上给在场的诗人们出了一道题——今日好景，每个人都赋诗一首吧。

当时有个叫东方虬的诗人最先交了卷，武则天看完以后连声说好，于是就赏了件锦袍给东方虬。

可是紧接着，宋之问的诗也写好了，呈给武则天一看，比东方虬的诗还要好。

那就只好对不起东方虬了，还得把那件锦袍拿回来再转送给宋之问，并且当场封宋之问为诗界冠军。

宋之问以为女皇喜欢了他的诗，也就会喜欢他这个人。于是，他借着这次赐锦袍的机会，就想向女皇求任北门学士一职。

北门学士是个文职官，按说宋之问的学问好，任这个岗位也不是不可以，可是武则天就是不答应。

据她自己说，她嫌宋之问有口臭。

但宋之问却不甘心因为这么一个小小的生理缺陷而失去了这一次晋职的机会，于是便写诗讨好武则天，其中有两句是这么说的：

> 明河可望不可亲，愿得乘槎一问津。
> 更将织女支机石，还访成都卖卜人。

宋之问的这首诗从表面上看，是写了一个女子思念丈夫的故事，但他真正想表达的，其实是他想得到武则天的赏识。

在这首诗的最后一句，宋之问提到了一个在成都卖卜的人，此人名叫严遵,他是西汉时期一位非常有名的道学家,很有学问,可是却淡泊名利,不喜做官,每天在成都街头摆摊算卦,只要赚够一百钱的生活费立即收摊回家,从不多要一分钱。

宋之问在写给武则天的诗里提到了严遵卖卜的故事,意思是不言而喻的——他想说其实他就是隐居在城市街头的"唐代严遵",他也是很有学识和道德标准的。可惜了,落花有意,流水无情,武则天读了这诗以后压根就没搭理他。

这可怎么办呢?

宋之问只好另辟蹊径,既然女皇不搭理他,那就从女皇身边的人下手吧——他去讨好张易之了。

说起张易之,此人的话题可多了。他年轻、颜值高,特别会讨女皇的欢喜,是武则天身边不离左右的男宠之一。只要他在武则天的跟前撒个娇、卖个萌,就能把武则天哄得团团转,所以要风便得风,要雨便得雨,很是风光。

所以,宋之问真的去巴结张易之了。据说,他巴结张易之巴结到完全不顾尊严的地步,甚至就连给张易之端痰盂这种事情他都干过。

可这痰盂端了没有多少天,武则天就被逼退位了。她的那些极为受宠的小帅哥们一个不留全都被杀掉了,其中也包括了张易之。而作为给张易之端过痰盂的宋之问自然跟着一起遭了殃,被贬去偏远的泷州做了一个小小的参军。

宋之问当然不甘心了,他的心里装着京城里的繁华,怎么可能安心待在偏远的泷州呢?所以,他很快就偷偷地跑回东都洛阳,住在好朋友张仲之的家里。

当时，张仲之正在密谋一件大事——武则天虽然退位了，但她的侄子武三思依然权倾天下。张仲之是个正义之人，他看不惯武家人飞扬跋扈的样子，于是就跟几个人密谋要干掉武三思。

偏偏这件事情就让借住在张家的宋之问发现了。

宋之问立即意识到自己扭转命运的时机到了。于是马上找人去通知武三思，可怜张仲之一家人就这么被宋之问给坑惨了。

而宋之问却因为出卖朋友而获得了提拔，重新回到朝廷去做官了。

所以现在网上流行一句话，叫作"做人不能太宋之问"。

大概是所有人都觉得，宋之问这个人实在是太缺德了。所以，我有的时候就常在想他的那一句经典名句"近乡情更怯，不敢问来人"——为什么离老家越近心里反倒越胆怯呢？

难道真是因为缺德事做得太多了，担心老家人会集体声讨他？

◎ 一句诗引发的命案

要说宋之问干得最缺德的一件事情，就是他亲手杀害了他的外甥刘希夷。

想当初，刘希夷正喜滋滋地拿着他刚得的那句好诗来找舅舅："舅，看我的新诗，你觉得咋样？"

宋之问一看，吓了一大跳：

> 年年岁岁花相似，岁岁年年人不同。

惊为天语。

他心想:"我就是想破了脑袋,也没有想出一句惊为天人的句子,可怎么就让这小子给得了呢?"

宋之问望着满脸欢喜的刘希夷,第一反应是赶紧问他:"大外甥,你这句好诗有没有再向外传呢?"

刘希夷说:"还没有。"

宋之问一听,放心了。他拍着刘希夷的肩膀说:"那还是不要外传了吧。"

为什么呢?刘希夷一脸地不明白。

宋之问摸了摸厚厚的脸皮,说:"你把这句诗让给我吧。"

对于一个热爱写作的人来说,当他看到周围有人写出一篇好文章或者是一个好句子的时候,别人是什么样的心情我不知道,我的第一反应确实只有一个——这为啥不是我写的?

但像宋之问那样直接朝人家要来想占为己有的,说实话我会觉得很尴尬——大概多数的人都会觉得很尴尬。所以,刘希夷当场就傻了,他也没有想到自己的舅舅会说出这样的话来,怎么好意思呢?

但他还是答应了,毕竟是舅舅,而且人家在文坛上的名声比自己大。

可转过头刘希夷就后悔了——凭什么要送给他呢?这是属于自己的原创作品啊。

于是,凭着这一句惊人之语,刘希夷有了他的传世之作——《代悲白头翁》:

> 洛阳城东桃李花，飞来飞去落谁家？
> 洛阳女儿惜颜色，坐见落花长叹息。
> 今年花落颜色改，明年花开复谁在？
> 已见松柏摧为薪，更闻桑田变成海。
> 古人无复洛城东，今人还对落花风。
> 年年岁岁花相似，岁岁年年人不同。
> 寄言全盛红颜子，应怜半死白头翁。
> 此翁白头真可怜，伊昔红颜美少年。
> 公子王孙芳树下，清歌妙舞落花前。
> 光禄池台文锦绣，将军楼阁画神仙。
> 一朝卧病无相识，三春行乐在谁边？
> 宛转蛾眉能几时？须臾鹤发乱如丝。
> 但看古来歌舞地，惟有黄昏鸟雀悲。

这首诗也是从一个女孩子写起的，但境界与刘希夷以往的闺怨诗却全然不同。在这首诗里，当这个年轻的女孩子看到花开花落的时候，她并没有想起那个不在身边的他，而是从自身开始思考起生命的无常了。

此诗一出，立即震惊了大唐诗坛，但也把宋之问彻底激怒了——刘希夷明明答应把那句好诗送给他的，可是他却自己拿去发表了。

这不是拿宋之问这个当舅舅的耍着玩儿吗？

宋之问一生气，心里便有了一个阴暗的计划。他找了个借口，把刘希夷骗到家里来，趁着刘希夷不防，就让家奴用口袋把刘希夷给捂死了。

之后，宋之问的一首《有所思》全新出炉：

> 洛阳城东桃李花，飞来飞去落谁家。
> 幽闺女儿惜颜色，坐见落花长叹息。
> 今年花落颜色改，明年花开复谁在。
> 已见松柏摧为薪，更闻桑田变成海。
> 古人无复洛城东，今人还对落花风。
> 年年岁岁花相似，岁岁年年人不同。
> 寄言全盛红颜子，须怜半死白头翁。
> 此翁白头真可怜，伊昔红颜美少年。
> 公子王孙芳树下，清歌妙舞落花前。
> 光禄池台交锦绣，将军楼阁画神仙。
> 一朝卧病无相识，三春行乐在谁边。
> 婉转蛾眉能几时，须臾鹤发乱如丝。
> 但看古来歌舞地，唯有黄昏鸟雀飞。

对照刘希夷的《代悲白头翁》，宋之问的这首《有所思》除了个别字词被替换了之外，全诗百分之九十以上的内容是与刘诗相同的。

这难道不是抄袭之作吗？

可惜了，此时的刘希夷已不在人间。这笔账，怕也只能等到若干年以后，宋之问也去了那个世界，刘希夷才能找他算得清楚吧。

> **朋友圈**
>
> **王昌龄**
> 微云淡河汉，疏雨滴梧桐。
> 这是什么样的人，才能写出这么好的诗呢？
>
> 10分钟前
>
> ♡ 王之涣，王维，张九龄
>
> 常建：恭喜昌龄兄，又得一句好诗。
> 王昌龄回复常建：这诗不是我写的。
> 王维：哪儿来的高人？
> 张九龄回复王维：此人颇具才华，有机会带你见见
> 王昌龄回复王维：想知道吗？偏不告诉你🤭

自从在王昌龄的朋友圈里，见到了"微云淡河汉，疏雨滴梧桐"这句好诗以后，王维开始不淡定了。

到底是谁，能写出这么意境高远的诗句呢？

难道，是又从哪里冒出来了个青年才俊？

王维跑去问王昌龄。可王昌龄说，这是个秘密，就不告诉他。

你说气人不气人。

就在这时，王维听到坊间传闻，说长安城里来了位大叔，其貌不扬，但诗却写得极好。

此人究竟是谁呢？

一日相知，便是一世知音——王维与孟浩然

◎ **耐不了寂寞的诗人**

害得王维茶不思、饭不想的不是别人，正是孟浩然。

当我还是一个幼儿园小朋友的时候，我的妈妈就曾经教我念孟浩然那首非常有名的诗——《春晓》：

> 春眠不觉晓，处处闻啼鸟。
> 夜来风雨声，花落知多少。

从那个时候起，我就爱上了这首诗。直到如今，虽然我早已是不惑之年，但在每个被春雨叫醒的早上，看到窗外落红一片的时候，依然会情不自禁地念一句"夜来风雨声，花落知多少"。

于是孟浩然的名字，也就这样被我记了一年又一年。

可是，回到孟浩然曾经生活的那个时代，这么好的一首诗，从诞生那一天起反而一直默默无闻，像作者的名字一样，始终都没有引起过大唐诗坛的关注。

这一年，孟浩然只有二十岁，却已经开始过起了隐居的生活。

孟浩然隐居的地方叫作鹿门山，在今天湖北省襄阳市的东南一带。远在汉朝的时候，有位名叫庞德公的人曾隐居在这里。

提起庞德公，现代人知道他的可能并不多。但如果我说出三国时期几位鼎鼎有名的人物，你就知道庞德公的厉害了。

第一位，诸葛亮，别号卧龙；

第二位，庞统，别号凤雏；

第三位，司马徽，别号水镜先生。

水镜先生向刘备推荐了卧龙跟凤雏，从此拉开了东汉末年三国鼎立的局面。

而卧龙、凤雏，还有水镜先生这三位的雅号，都是庞德公给取的。他不仅取名字有一套，肚子里的学问更是深得不得了。所以，像诸葛亮、庞统这些人，都把他当神一样敬重着。

可是虽然有着满肚子的学问，但庞先生却从来都不肯出来做官，他宁愿选择住在鹿门山里砍柴采药，过自己清闲自在的山居生活。

这段故事对于几百年之后的孟浩然来说可谓意义深远。

当二十岁刚刚出头的孟浩然划着一艘小船来到鹿门山下的时候，他远远地望见山水之间树林掩映，鸟儿在自由地欢唱，一道阳光缓缓地照亮了青山，那山上有灵芝白术、青石苔藓，这一切让他一下子就想起了当年的庞德公。

他突然觉得庞先生选择隐居在这里实在是件太幸福的事情，那自己为什么不能学着庞先生的样子，也隐居于此呢？

拿定了主意，孟浩然不想走了。在别人都忙着进京赶考、求取功名的年纪里，孟浩然选择独守寂寞。这种生活培养了孟浩然很是与众不同的气质，像山里的空气一样干净而纯洁。所以他的诗，写得也如山里的空气一样，纯净美好，一点儿功利的味道都没有。

比如他的《春晓》。

那是一个清晨，他在山中醒来，看到夜里的风雨吹落了刚刚盛开的鲜花，好像带着淡淡的忧伤。但那些在细雨中啼唱的鸟儿却又鸣叫着一种希望，仿佛是在歌唱早春时节的美好——这便是孟浩然的诗，美得不沾染一丝丝的人间烦恼。

可真实的生活，却是有烦恼的——生活从来都不只有鸟语花香。或许你可以偶尔地躺平，透过窗帘去听雨看花，但听雨看花，能管饱肚子吗？

显然是不能的。

尤其在唐朝，家里人供你读书识字的目的，并不是为了让你年纪轻轻地就躲进山里去听雨看花的。那个时候，读书的目的只有一个，那就是考取功名。

可孟浩然的心里，却又早早地住进了一位庞德公。所以，我常想，假如孟浩然一辈子都不到长安，而是像庞德公那样一直隐居在鹿门山，他也许一辈子都不会有烦恼，终其一生过一种"北山白云里，隐者自怡悦"的生活，倒也是自由自在的。

可是，他还是动了走仕途的心，他得去实现作为一位读书人的政治理想。所以，他开始给张九龄写诗：

> 八月湖水平，涵虚混太清。气蒸云梦泽，波撼岳阳城。
> 欲济无舟楫，端居耻圣明。坐观垂钓者，徒有羡鱼情。

张九龄，就是写"海上生明月，天涯共此时"的那一位。所以，我们知道他的身份首先是一位诗人，但其实他还有另一个身份，那就是宰相。

张九龄以诗人的身份坐在了宰相的位子上，这让很多文学青年都得了他不少的提携。像王维、王昌龄这些人，在长安都受到过张九龄的关照。所以，四处求官却四处碰壁的孟浩然，也给张九龄写诗了。

他说"欲济无舟楫，端居耻圣明"，意思再明白不过了——他想到长安去试试运气，可啥门路也没有，但这整天闲在家里也总不是个事儿吧。

只此一句，孟浩然的那一颗蠢蠢欲动的心，就已经表露无遗了——中国文人的胸膛里，常常一半揣着想要隐退的心愿，一半揣着报国的理想，这其实是两件十分矛盾的事情，却又被同时揣进了他们的胸膛，所以他们总是痛苦的。

孟浩然就是一个典型的例子，四十岁的他到了长安，来为他的政治前途找机会了。

那是一个秋夜，长安诗坛正在举办一场聚会，现场来了很多文化圈里的名人大腕，每个人都想借着这场沙龙露两手。所以当主持人宣布说，请大家就"秋夜"这个主题，每人现场做一句五言诗的时候，所有人都摩拳擦掌，跃跃欲试。

在座的都是高手，都是诗坛名家，所以个个语出惊人，佳句层出不穷。就在大家玩得正是兴高采烈而又胜负难分的时候，突然，一个陌生的声音响起了：

> 微云淡河汉，疏雨滴梧桐。

四座皆哑然。

真是好一个"淡"字，又好一个"滴"字啊。

薄薄的几片云朵，飘去了天上银河；而几滴秋雨却从天上落下来，滴在了梧桐叶上。天上，人间，静谧清幽，细微而又恢宏。绝了。

这不正体现出了孟浩然身上那股宁静纯洁而又清雅脱俗的气质吗？

没错，孟浩然凭着这句"微云淡河汉，疏雨滴梧桐"，初来乍到，便震惊了长安诗坛。一位身穿粗布衣衫的大叔，却能写绝妙的好诗。

◎ 谁还不曾年轻过

孟浩然一到长安，"王孟组合"的两位成员很快就相聚了。

王，指的是王维；

孟，指的是孟浩然。

王维与孟浩然的诗，仿佛一股淡淡的清新的风。他们写山写水、写花鸟虫鱼、写田间稻香，全然是远离喧嚣、回归自然的纯真与美好。

> 故人具鸡黍，邀我至田家。
> 绿树村边合，青山郭外斜。

这是孟浩然的诗。读完以后，一股田园的宁静质朴瞬间扑面而来。

> 空山新雨后，天气晚来秋。
> 明月松间照，清泉石上流。

这是王维的诗。读完以后，好像都能闻到山里清新的空气似的。

这便是"王孟组合"的特点，他们的诗，能将人们带入一种清幽脱俗的境界，好像烦心事儿都没有了，完全沉浸在了自然恬淡的气息里。这种特点来自于他们诗歌的气质，当然也是诗人自身的气质。

但孟浩然的这种气质，是在鹿门山里被庞德公留下的山水花草熏陶出来的，那是打从一开始就烙进了骨血里的气质。

可王维就不一样了。我们可以来看一首王维年轻时候写下的诗：

渭水自萦秦塞曲，黄山旧绕汉宫斜。
銮舆迥出千门柳，阁道回看上苑花。
云里帝城双凤阙，雨中春树万人家。
为乘阳气行时令，不是宸游玩物华。

实话实说，当我第一次读到王维这首诗的时候吓了一跳，我以为是我看错了。能写"行到水穷处，坐看云起时"的王维，怎么可能会写这种拍马屁的诗呢？

可这诗真是王维写的。诗的前三句，他在竭尽所能地夸赞帝王之家的奢华与富贵。夸完之后，他开始写他在这首诗里想要讲述的主要事件——唐玄宗从蓬莱宫去了趟兴庆宫。

没错，就是这么一点儿事。还是被王维夸出了高度来——他说别以为这是皇帝出来玩儿了，皇帝这是为了农业生产的需要，于百忙之中抽出时间来感受时令的变化了。

不得不说，这马屁拍得实在是有水平。而这也正是王维与孟浩然不一样的地方。

孟浩然四十岁才到长安，在他来长安以前，恬淡单纯的性格早就定型了，但王维是从很小的年纪开始就混进了长安城里的权贵圈。

据说，王维九岁能写一手好文章，十五岁就来到了长安，而且直接靠近了大唐王朝的权贵中心——皇帝的亲弟弟岐王李范。

岐王李范很是看重这位又会写诗、又会弹琴，还长得特别好看的少年郎，所以他几乎走哪儿都带着王维，让王维做他的贴身小跟班。

但王维的梦想，绝不止于想做岐王的小跟班。对于唐朝的读书人来说，进入仕途的机会可能有很多，但最名正言顺的，莫过于科举考试。

有一个传说，讲的是岐王为了王维能在科举考试中一举中第，便去找了玄宗皇帝的亲妹妹九公主。他把王维带到九公主的面前，先是让王维给公主演奏了一曲动人的琵琶曲，一下子打动了九公主的心。后来，王维又凭着几首好诗，让九公主当场拍板："你考试的事儿包我身上了。"

这件事情记在一部唐人的传奇小说里，多有虚构夸张的成分，并不一定是真的，但王维年纪轻轻地就考中了进士这事儿却不假。他生活在长安城的最中心，是皇帝身边的御用文人，很受皇帝的喜爱。所以，当他遇见了孟浩然的时候，他第一时间想到的，就是马上把这位与他志趣相投的朋友介绍给皇帝，既有荐贤的意思，也能帮朋友一把。

很快，一场不期而遇的面试活动马上就要开始了……

◎ 一辈子的知音

王维小了孟浩然整整十二岁。

但我时常觉得,在王维的面前,孟浩然倒像个小老弟。他在长安遇到王维的时候,王维正是春风得意的时候。而他呢?年逾不惑,一无所成,还天真得不行,总是一副不食人间烟火的模样。

但,王维却是真心喜欢孟浩然的。

这位从襄阳来到长安的老大哥,单纯得像一张白纸,虽然时不时地有些糊涂,可是才华横溢,诗写得极好。

所以,两个人一见如故,成了形影不离的好朋友。王维纵然是去上班,也想把孟浩然带在身边。等他处理完公事,两个人就喝茶聊天,忘却身外一切,只谈人生理想。

可就在两个人聊得正开心的时候,突然一个声音传进来,吓得这哥俩登时慌了手脚。

皇帝来了。

是的,是玄宗皇帝来了。

要说玄宗是真待王维好的,路过王维的办公室,就想进来瞧一瞧。可他这一瞧,却吓坏了正坐在里面喝茶聊天的孟浩然。一个从襄阳小地方来的诗人,既没见过大世面,更不懂应酬,孟浩然当时就慌得钻到床底下去了。

王维一看这情形,心里想择日不如撞日,反正遇着了,不如就趁此把孟老哥介绍给皇帝吧。

于是王维告诉玄宗皇帝说:"我这床底下藏着一个人。"

玄宗问:"谁呀?"

王维答:"孟浩然。"

玄宗听完就乐了:"这人我知道,听说他诗写得不错,快请出来吧。"

这对孟浩然来说,是一个多好的机会啊,爽爽快快地给皇帝也做一首像什么"为乘阳气行时令,不是宸游玩物华"的马屁诗,把皇帝美美地夸几句,官不就有了吗?

可是,孟浩然偏偏脑子里面就没有装过这样的东西,你瞧他当着玄宗的面写的这首诗:

北阙休上书,南山归敝庐。不才明主弃,多病故人疏。
白发催年老,青阳逼岁除。永怀愁不寐,松月夜窗虚。

那天的孟浩然也不知道是怎么了,当着皇帝的面突然就想发牢骚。他说他到长安来参加过一回科举考试,但没考上。或许是想博取玄宗的同情吧,所以他说"不才明主弃,多病故人疏"——意思是自己实在是太倒霉了,大老远从襄阳跑到长安来,试没考好,还落了一身的病,老大年纪了流落在长安城,连几个贴心的朋友都没有。

孟浩然多半是想卖惨,可卖得实在是有些不讨巧——怎么就是个"不才明主弃"呢?你头一回见玄宗皇帝,就说人家弃你,明明是自己不求取仕途,却说是皇帝不待见,皇帝能不当场发火吗?

这件事情彻底结束了孟浩然的长安求官之旅,就算王维再想帮他,也只能爱莫能助了——他都把皇帝给得罪了,谁还敢给他官做呢？孟浩然只能打点行李回襄阳老家去了。临走以前，他给王维留了首小诗，一如既往地，还是表达他的那点小伤感：

> 寂寂竟何待，朝朝空自归。
> 欲寻芳草去，惜与故人违。
> 当路谁相假，知音世所稀。
> 只应守寂寞，还掩故园扉。

他对王维说："虽然我并不想和你分开，可是，这里已不再适合我了，我还是回去继续守着我的寂寞吧。"

回到襄阳的孟浩然，再没有跨进过官场，或许他这回是真的想明白了，官场确实与他没有什么缘分。所以后来，有个叫韩朝宗的官员想要提携他，都跟他约好了说带他一起回长安的。可就在出发的当天，他却因为和朋友一起喝酒，竟然把这事儿忘得干干净净了。

有人提醒他说："老孟，你和那位韩官员不是约好了今天要一起出发去长安吗？"

你猜孟浩然怎么说？他说：

> 业已饮，遑恤他！

只要有酒喝就成了，才不要管其他的事情呢。

所以一辈子布衣，孟浩然倒也活得潇洒——"且乐杯中物，谁论世上名"，或许这才是最适合孟浩然的生活，从容与闲适，无有所争。而这样的一份从容与闲适的生活，对于王维来说，却要直到"晚年唯好静，万事不关心"的那一天，才有可能真正地体验与陶醉。

而那时，距离他们的长安相会，已经过去了若干年……

> **朋友圈**
>
> **裴迪**
> 万户伤心生野烟，百僚何日再朝天。
> 秋槐叶落空宫里，凝碧池头奏管弦。
> 其心可鉴，其心可鉴啊。
>
> 8分钟前
>
> ♡ 王维，王昌龄，常建
>
> 王缙回复裴迪：你见过我哥？你真的见过我哥了？
>
> 裴迪回复王缙：这是他写给我的诗。
>
> 张九龄回复王缙：你哥有救了。
>
> 李亨回复张九龄：老先生话说得太早了吧？
>
> 张九龄回复李亨：陛下明鉴🙏
>
> 王缙回复李亨：陛下明鉴🙏🙏

　　王维摊上大事了。

　　他被皇帝关进了监狱里。

　　他的朋友小裴刚刚来看过他，说一定会尽全力救他的。可是，就凭小裴一个穷诗人，他能有什么办法呢？

　　小裴的办法，就是利用一切可以利用的网络资源告诉全世界——王维心系大唐，他从没有背叛过他的朝廷。

　　于是，小裴发了条朋友圈。没想到，就是这条朋友圈，还真成了把王维从鬼门关里拉回来的那根救命稻草……

辋川烟雨，见证一场忘年之交——王维与裴迪

◎ 安禄山来了

王维是怎么进的监狱呢？

这话还得从安禄山造反说起。

唐玄宗一听说安禄山要造反，吓得什么都顾不上，赶忙带着杨玉环跑路了。

王维本来是想跟着唐玄宗一块儿跑的，他可能也以为，皇帝会带着他一块儿跑，毕竟平时皇帝待他还是很不错的。

可谁知道，逃命的关口上，玄宗只怕自己跑得慢，哪儿还顾得上他呀。就这样，王维被留在了长安。

很快，安禄山就带领着军队杀进了长安，他坐进了唐玄宗的宫殿里，把留在长安城里的官员全都召集到他的身边来。王维很不幸，位列其中。安禄山对他说："你跟着我干吧，李隆基能给你的一切，我都能给你。"

这是关乎气节的大事，王维随随便便能答应吗？可是，刀架在脖子上了，要么死，要么投靠安禄山。

毕竟，王维也算是个聪明人，他在这两者之间又选了一条路——装病，病得连话都说不了了，安禄山还能把他怎么样？

但安禄山也不笨，不仅不笨，还特别不讲理，他才不管王维是真病还是假病，只管把一纸任命书送到王维的家里来——别管王维接不接，总之他都是安禄山的给事中了。

什么是给事中？

这在唐朝是个非常重要的职位,除了要对下级官员上报的奏章负责审阅报送以外,还具备司法职能,可以干预民事与刑事案件,甚至还有官员的人事任免权。王维当时在李隆基的身边就是干这个的。现在,安禄山也让他给自己当给事中,所以一路就把王维从长安带到了洛阳。

洛阳城作为大唐的东都,此时也被叛军占领了。他们在禁苑里天天大摆庆功宴,还拉着大唐宫廷里的乐师给他们开演奏会,其中有一个叫雷海青的音乐家受不了这份屈辱,拿起自己心爱的琵琶就朝叛军砸了过去。

结果雷海青当场就被叛军杀害了,吓得满场的乐官们大气都不敢出一声,只能低着头悄悄地抹眼泪。

◎辋川,因为有你才那么美

雷海青被杀这件事情,王维是从他的小朋友裴迪那里知道的。

裴迪,小诗人一个。如果不是因为王维,我都不知道他在中国文学史上会不会有名气。至少关于他的名字,我是从王维的诗里读来的:

> 寒山转苍翠,秋水日潺湲。倚杖柴门外,临风听暮蝉。渡头余落日,墟里上孤烟。复值接舆醉,狂歌五柳前。

这首诗的题目叫《辋川闲居赠裴秀才迪》,我第一次读到它的时候特别好奇,心想这个叫作裴迪的年轻秀才究竟是谁呢?能让心高气傲的王维在黄昏的落日里翘首以待那么久。

不止于此。

王维对这个裴迪的评价还特别高。他在家门口等裴迪，等得太阳都快要落山了，裴迪才回来，可是却喝得大醉，像发酒疯一样地在王维的面前"狂歌"。但王维竟然一点儿都不生气，还把他比作春秋时期的接舆。

接舆是何许人也？那是连孔子都不放在眼里的人物，据说当初孔子游历到楚国，正好遇到了接舆，孔子刚想要上去和他打个招呼，谁知接舆扭头就走，根本没拿孔子当回事。李白有诗说：

> 我本楚狂人，凤歌笑孔丘。

讲的就是这回事——接舆非但没有理孔子，还一路唱着"凤兮凤兮，何如德之衰也"的歌，意思是说孔丘啊，你的德性怎么一天不如一天了呢？

他在嘲笑孔子整天到处奔走，不过是求得能为诸侯一用的入世之为——接舆瞧不起这个，他是很清高很脱俗的一个人。王维用他来比裴迪，那么这位裴迪究竟又是个什么样的人物呢？

从各种历史资料中可以看出来，裴迪并不是什么大人物，关于他的身份，可以找到的内容无非两条：

一，他是位诗人。

二，他在四川做过官。

除此以外，历史对他所有的记载，都是和王维联系在一起的。我在《唐才子传》的目录里找到了他的名字，可他的事迹，却还是被夹在王维的故事里简简单单地提到了一笔——说他在辋川这个地方,曾和王维日日"游览赋诗、琴樽自乐",是王维身边一位形影不离的好诗友。

说到辋川,这几年我每年大概总是要去一两次的,因为陕西的各级文联和作协组织都特别喜欢在辋川搞活动,每去一次,都要把王维和裴迪的故事再温习一遍。

但事实上,现在的辋川,除了王维亲手种下的一棵银杏树以外,其他什么都没有了。我们也只能凭着想象,去怀念这里曾经绿竹成荫的样子,以及王维和裴迪在竹下一起饮酒吟诗时的情景。带我们参观的老师总是会说,这里当年是真的非常美丽的,所以,王维才会选择隐居在此地。

那个时候的王维,已经没有了年轻时唱"为乘阳气行时令,不是宸游玩物华"时的一腔热情了,官场的残酷现实把一个满怀激情的文艺青年,生生地打磨成了意志消沉的中年大叔——那位一路提拔他的丞相张九龄,最终因为过于耿直厚道而被排挤出了朝廷。留下王维在皇帝的身边,他干得很是不开心。其实有很多次,他都想学着他孟大哥的样子从此退隐江湖,但又总是有些不甘心,好不容易混到了今天这个地步,又哪里是说抛下就可以抛下的?

于是王维想了个折中的办法,白天在朝里打卡混时间,下了班就躲开圈子里的是是非非,在距离长安不远不近的蓝田买块地住了下来。

晚年唯好静,万事不关心。
自顾无长策,空知返旧林。

> 松风吹解带，山月照弹琴。
> 君问穷通理，渔歌入浦深。

正义的人全都被赶出了朝廷，留下的全是一些心术不正的乌合之众，王维又能怎么办呢？不愿意同流合污，那就躲得远远的吧。所以他写诗，说他现在是"万事不关心"了，每天只想在山风里看看月亮弹弹琴，这样就挺好的，再别问他什么人生理想不理想了。

这首诗是王维写给一位朋友的，他发了一肚子的牢骚，说他终于看破红尘，想要隐退了。

但，王维的隐退，并不是心甘情愿的。这样一个才华横溢，又有点软弱怯懦的读书人，他是对现实无可奈何了，因为无力抗争，所以只好逃避，从此不问政治，倒是一心向佛了。

就在这段时间里，有一个年轻人走入了他的生活。此人，就是让他心心念念都不肯忘记的裴秀才迪。

> 不相见，
> 不相见来久。
> 日日泉水头，
> 常忆同携手。
> 携手本同心，
> 复叹忽分襟。
> 相忆今如此，
> 相思深不深。

这首诗的名字叫《赠裴迪》。知道的,这是王维写给裴迪一个大男人的。不知道的,还以为是他写给哪位女孩子的情诗呢。

大概这段时间,裴迪不在辋川,王维很是思念他,每天都跑去泉水边想念自己和裴迪手拉手在山间散步的样子,不由得就有了"这分别的日子实在是太难受了,你什么时候才回来"的思念之苦。

这是一种何等的感情啊。

在辋川,裴迪确实是陪伴着王维度过了一段很是美好的日子。他们两个人每天在这里饮酒作诗,日子过得如神仙一般。

那一天的夜晚,皓月当空,周围安静极了,只有绿竹猗猗送来阵阵的凉风。月色如洗,洒落在青石台上,清幽而美好。王维和裴迪在这一片月色与竹声里携手散步,忽然,王维的诗兴来了:

> 独坐幽篁里,弹琴复长啸。
> 深林人不知,明月来相照。

之后,他转头看向了裴迪。那一晚,裴迪的眼神犹如皎洁的月光,他稍做思索,立即便和诗一首:

> 来过竹里馆,日与道相亲。
> 出入唯山鸟,幽深无世人。

王维听了哈哈大笑,他说:"你把我比山鸟啊。"

裴迪也笑了。他们的笑声穿过了竹林,伴随着山间的泉水一起流淌,那山泉似乎也为他们感到高兴呢。

那个时候，他们总是这样，王维只要做一首新诗，裴迪就跟着他和一首，两个人你来我往，诗意和笑声整日地回荡在辋川的山水之间，可真是一段令人向往的神仙生活啊。

可谁知，安禄山一阵乱马踏来，令王维与裴迪从辋川清梦中突然惊醒了。

王维被安禄山带到了洛阳，他心如死灰，不知道自己到底还有没有机会再回到辋川，再见到他的裴秀才迪。

他想念裴迪，裴迪真的就来了，从长安一路打马赶到洛阳来看王维了。

那一天，王维面对着多日未曾相见的裴迪，他很想对裴迪说些什么，可说什么呢？那"相思深不深"的句子，早被血和泪模糊得看不清楚了。

似有万语千言，却又相对两无言。

沉默许久，裴迪给王维讲起了雷海青的故事。他说那一天皇家别苑里的凝碧池都被雷海青的鲜血染红了。

王维听得悲从中来，他大喊了一声，心中难以抒发的悲愤与无奈，最终变成了一首饱含血泪的诗。这首诗的名字很长，大致的意思是说，王维被叛军软禁在洛阳的一所寺院里，正好裴迪来看他了，给他讲了雷海青的事情，于是他写了这首诗：

> 万户伤心生野烟，百僚何日再朝天。
> 秋槐叶落空宫里，凝碧池头奏管弦。

王维给裴迪写过很多诗，但唯有这一首是最让人心碎的。从这首诗里，我们再也看不到诗人之间相互唱和时的那些风花雪月，我们看到的，字字句句，全都是诗人在国破家亡之后的悲叹。

◎一首诗救了一条命

王维在洛阳写给裴迪的这首诗里有一句"百僚何日再朝天"——"百僚"指的是文武百官，"朝天"指的是面见皇帝。他说如今百官蒙难，天子流离，这辈子也不知道到底还有没有见面的可能呢？

如果我是王维，这种念头我想都不敢想了。

为什么呢？

因为别管他是不是自愿的，如今的他都做了安禄山的给事中。一旦见到了皇帝，该怎么解释这一档子事儿呢？

果然，新登基的皇帝根本不买王维的账。

这位新登基的皇帝是唐玄宗的儿子李亨，也就是唐肃宗。玄宗逃到了四川以后，李亨很快就把他抬上了太上皇的位子，自己在灵武登基做起皇帝来了。

李亨做了皇帝，平定了叛乱，又收复了长安跟洛阳，现在，他要秋后算账了。那些投靠过安禄山的，有一个算一个，谁也别想跑。王维不幸，又一次地位列其中了。

他被当成叛徒给抓起来了，监狱生涯就此开始。

王维一进监狱，急坏了两个人。

一个是他的亲弟弟王缙。

当初王维在朝廷里还十分风光的时候，王缙远在四川做官。

为了能把这个亲兄弟从四川调回来，王维也是下了些功夫的。他跑去找玄宗，对玄宗说："其实我这个兄弟比我强多了，我有很多地方都不如他。但是他现在却在偏远的四川做个地方官，而我却留在了京城，这实在是有些不公平。所以我宁愿把我所有的官职都辞掉，换我弟弟回到京城来。"

后来玄宗果然就把王缙调进了京。

现在，该是这个弟弟报答哥哥的时候了。

此时的王缙，已经是李亨身边的红人了，身居显位，但哥哥却进了监狱，这让王缙寝食难安。于是学着他哥当年的样子，也跑去找皇帝："把我哥放了吧，只要能把我哥放了，我哪怕回家去种地都可以。"

但这一次，情况完全不一样。

上一次他哥换他，那不过是一次工作调动。但这一次，他却换不回他的哥哥了——他哥犯的可是叛国的罪。

王缙彻底傻眼了。

另一个着急要救王维的人，是裴迪。王缙在皇帝身边走正常渠道救王维没有结果，裴迪就只能剑走偏锋了。

突然间，长安城里，王维写给裴迪的那首诗传遍了大街小巷：

> 万户伤心生野烟，百僚何日再朝天。
> 秋槐叶落空宫里，凝碧池头奏管弦。

为了救王维，裴迪也是豁出去了。他把王维的这首诗在街头巷尾到处传播，一边传播还一边吆喝："看啊，这像是个叛国的人写的诗吗？他是被叛军软禁在洛阳的，但是他却无时无刻不在想着他的朝廷啊。"

裴迪的嗓子都快要喊破了。

终于，功夫不负有心人，这首诗传进了皇帝李亨的耳朵里。李亨读了以后，不觉黯然伤心。或许，他是真的错怪王维了。

那一天，当王维从监狱里走出来的时候，他的裴秀才迪一定远远地站在一个角落里安静地看着他。夕阳在他们的身后留下了长长的影子，他们相视一笑，自此，裴迪的名字消失在了王维的故事里。

我们再也没有办法知道，辋川的山水之间，还有没有两个人携手作诗的身影，不过这都不重要了。一个人，一辈子能遇到一个无论顺境逆境都始终不离不弃的人已是幸福，何况这样的幸福里，还曾经飘过一段那么美好浪漫的辋川风雨？

这些，足够回味数千年……

> 朋友圈

李白
轻轻地，我来了，带着疲惫与创伤；
默默地，你走了，龙标是个什么鬼地方？

8分钟前

♡ 贺知章，孟浩然，玄宗皇帝，王昌龄

王昌龄回复李白：龙标不是鬼地方，那里有我的新岗位，我换工作啦！🤗

李白回复王昌龄：你该早点告诉我，我也好给你安排个送行宴，我还有好多话想要对你说呢。

王昌龄回复李白：该说的，多年以前的巴陵江上我都说过了。

李白回复王昌龄：只可惜，我明白得太晚了。

贺知章回复李白：巴陵江上有故事？

  有很多人都是从李白的朋友圈里知道王昌龄要上龙标去了，但是他们都不知道，这两个人说的"巴陵江上"是个什么梗。

  关于这个梗，只有李白自己心里最明白。

  如果当初在巴陵江上他能听懂王昌龄那一番劝告他的话，他大概打死都不会上长安了。

  可是如果他不上长安，他又怎么会知道王昌龄的话是对的呢？

  那个时候的他，就像是一匹想要过河的小白马，天真得一塌糊涂。

> 老黄牛告诉他,河水是浅的,浅得才没过了牛蹄子;但小白兔却告诉他,这河水太深了,差一点就把它淹死了;可不管别人说这河水究竟是深还是浅,李白都想亲自蹚过去试一试,
>
> 结果……

愁心寄月,愿随君往夜郎西——王昌龄与李白

◎ 诗仙也曾少年时

李白从小就没想明白,他的爸妈,为什么会给他取那么没有文化感的名字呢?姓李名白,已经很没有色彩感了,但他们还是嫌不够,取了个字,又叫"太白"。他们这是有多希望儿子的人生白到没有色彩,才会想出如此朴实无华的名字?

他跑去问他妈,妈妈告诉他说:"孩子,你可别小看了你的名和字,那都是仙人托梦给取的呀。"

妈妈说,想当年她还怀着李白的时候,有一天夜里忽然梦见了太白金星从天而降,结果天不亮,李白就出生了。

妈妈把这个奇怪的梦告诉了爸爸,李爸爸当时就决定他的这个儿子从此姓李名白,字太白。

听了妈妈讲的故事以后，小李白开始对梦有了无限的幻想，从此他也开始天天做梦了。那年，他才十岁，一个奇奇怪怪的梦就来了，他梦见自己正在写字，突然，怪异的事情发生了——他每写一个字，那字就能生出一朵美丽的花来。所以很快，他的面前就是一片花海了。

李白在这场美丽的梦里醒过来，他想，这不就是妙笔生花吗？

果然，自此以后的李白，写什么都神采飞扬，真像是有神仙帮忙似的，这让他在短短几年的时间里就变成了远近闻名的小才子。

> 十五观奇书。作赋凌相如。

这句诗是李白对他少年时代的概括总结。他说他十五岁已经遍览各种奇书，写出来的文章，连汉朝的大文学家司马相如都比不过。这话说得狂是狂了一点，但他狂得有底气——李白小时候确实才华出众，属于令所有人都羡慕的"别人家的孩子"。

可是，尽管才气逼人，但那时的李白，却是一个不走寻常路的少年。除了读书写文章之外，这位才华横溢的少年还爱干一件事：

> 十五好剑术。

十五岁，在那个遍读奇书的年纪里，李白还爱上了练习剑术。这是这位诗人从小就与众不同的地方，他不是一个只喜欢坐在书房里念书写文章的文弱书生，他还喜欢武术。少年李白没有想过要成为一名诗人，而是要做一名仗剑天涯的侠客。

> 十步杀一人,千里不留行。
> 事了拂衣去,深藏身与名。

在这首《侠客行》里,藏着李白最初的人生理想,有"纵死侠骨香,不惭世上英"的冲天豪气。

所以,他开始游走四方了。像所有心向远方的年轻人一样,当李白长到二十岁的时候,他开始向往外面的世界了。亲友们都来为他送行,他也写这首《渡荆门送别》,送给他的亲友们:

> 远渡荆门外,来从楚国游。山随平野尽,江入大荒流。
> 月下飞天镜,云生结海楼。仍怜故乡水,万里送行舟。

荆门,指的是今天的湖北一带,而李白的老家在四川。他说他这一次出游打算离开四川先去湖北逛一逛。看啊,山河如此雄浑壮阔,世界如此美好新奇,这些都深深地吸引着年轻的李白。所以,即使他在这首诗里说了"仍怜故乡水"的话,而故乡的山水又怎么能锁得住他那一颗想要流浪的心?事实上自此以后李白再也没有回过他的故乡——浪迹天涯才是一个游侠的使命。

> 结发未识事,所交尽豪雄。
> 却秦不受赏,击晋宁为功。
> 托身白刃里,杀人红尘中。
> 当朝揖高义,举世称英雄。

正如他在这首诗中所说的一样,这段时间的李白真是豪放极了,把功名利禄压根就不当回事儿。他结交了很多江湖上的朋友,为了这些朋友他可以两肋插刀,哪怕杀人他也在所不惜。据说,李白是真的和人动过刀子的,那个时候他是热血青年,路见不平就拔刀,是个很讲哥们儿义气的人。

有一段故事,说的是李白二十几岁的时候,他跟一位姓吴的朋友一起在外旅游,结果这位吴姓朋友突然生病,死在了洞庭湖上。那天晚上,突然来了一只大老虎,垂涎三尺地望着李白跟他朋友的尸体。

这可真是命悬一线的时刻。要是一般人,早扔下朋友的尸体跑路了。但李白没有跑,他用自己的身体保护着朋友的尸骨,在夜里跟猛虎一直对视着。

说来也怪,这老虎竟然被李白的英气给逼退了。

之后,李白背起了朋友的尸骨,一路步行将朋友带回了武昌。史书上在形容他的这段经历时,用了十六个字:

> 裹骨徒步,负之而趋。寝兴携持,无辍身手。

李白没有雇车马,他是背着朋友徒步回家的。但我们必须要注意到他背朋友回家的动作——"负之而趋"。"趋",是小步快走的意思。这在古时候是一种表示敬重的走路姿势。李白为了表达自己对朋友的敬重,便一路背着他的尸骨,一路小步快走地将他带回了家,这是一件很辛苦的事情。

而"寝兴携持,无辍身手"就更感人了。这一路上,李白无论醒着还是睡着,他都不让朋友的尸骨离开自己,生怕有什么闪失对不住朋友。

这就是年轻的李白,非常注重朋友义气的一个人。

但是,随着年纪一天天地增长,李白突然意识到一个问题,那种豪情万丈的英雄气概和仗义抒怀的朋友义气,不仅把大好的青春全都浪费了,而且,还把家底也掏空了:

> 归来无产业,生事如转蓬。
> 一朝乌裘敝,百镒黄金空。

此时的李白,已经过了而立之年。但除了曾经的一身豪气浪得了些英雄之名以外,他竟然一无所有,成了一个穷光蛋。

有一天早上,李白从梦里醒来的时候,他突然想到一件事情,那些当年和他一起喝酒聊天,把功名利禄全都踩在脚底下的哥们儿,好像一个个都跑出去找事情做了。

他们六个人曾经是非常要好的朋友,江湖号称"竹溪六逸"。那时,他们的人生理想,就是每天坐在徂徕山下的竹林里或者溪水边,一边饮酒作诗,一边笑傲山林。

可是后来,其中有一个叫韩准的出去跑官了;

紧接着,另一个叫裴政的也出去了;

再紧接着,孔巢父也走了。

李白看看自己一穷二白的家,再想想那些出去跑官的朋友,他突然意识到,在这个世界上,或许还有一件更大的事情在等着他去完成。于是，李白打点行李，准备开启他人生之中的另一条道路——他也开始跑官了。

◎ 长安不易，兄弟你要处处小心

当王昌龄遇到李白的时候，李白跑官的心正热着呢。这让已经在官场上摸爬滚打了好些年的王昌龄一时之间竟然不知该说些什么好了。

跟李白一样，王昌龄的骨子里也有一种豪情之气，只不过，李白带着他的豪情之气去游走江湖了，而王昌龄却选择了战场。他只身赴边，本来是想在战场上拼出一番功业的，没想到，让他真正声名远扬的，并不是他的战功，而是他的边塞诗：

> 秦时明月汉时关，万里长征人未还。
> 但使龙城飞将在，不教胡马度阴山。

有人将王昌龄的这首《出塞》诗称作唐七绝的压轴之作，试问还有谁能将边塞诗写出如此雄浑的气魄来呢？

除了王昌龄，再无第二人。

但王昌龄的梦想，并不是只想做个诗人。可他在边塞待了好几年，除了写下了许多优秀的边塞诗以外，并没干出什么建功立业的战绩来。

这让王昌龄不得不再一次重新规划自己的人生了，既然战场上不能闯出个名堂来，那就在考场上一显身手吧。所以他回到长安，在长安苦读了一年之后，王昌龄居然考了个进士及第。

功名的光芒，还有诗名的光芒，仿佛在这一刻全都聚集在了王昌龄的身上。他很开心，约了王之涣和高适两位诗友去喝酒。那一天，三位当红诗人同时亮相在一家酒楼里，光彩照人。

酒楼里有一群打扮得十分艳丽的歌伎，她们是为客人们唱歌助兴的。唐朝好多诗人的诗都是被她们从酒楼里唱红的。所以那一天，当王昌龄几个人看到这些歌伎的时候，突然就来了兴致，不知道今天，三个人之中究竟谁的诗会被唱得多一些呢？

高适说，肯定是他；

王之涣说，肯定是他；

王昌龄说，肯定是他。

于是他们就打了个赌——歌伎唱了谁的诗，谁就在酒楼的墙上画一条线，最后数数看究竟谁的诗最多。

现在，第一位歌伎上场了，她开口就唱：

> 寒雨连江夜入吴，平明送客楚山孤。
> 洛阳亲友如相问，一片冰心在玉壶。

这是王昌龄的《芙蓉楼送辛渐》，王昌龄高兴地在墙上画了一条线。

紧接着又上来了一位，她唱的是高适的《哭单父梁九少府》：

> 开箧泪沾臆，见君前日书。
> 夜台今寂寞，犹是子云居。

高适一听，也赶忙给自己画了一条线。

接下来，第三位上场了，开口一唱：

> 奉帚平明金殿开，且将团扇共徘徊。
> 玉颜不及寒鸦色，犹带昭阳日影来。

又是王昌龄的诗。

这下王之涣坐不住了，酸酸地说："唱你们的诗的这些都是庸脂俗粉，唱我的诗的那位一定是位超凡脱俗的美丽女子。"

果然，第四位上来了，她唱了王之涣的"黄河远上白云间，一片孤城万仞山。羌笛何须怨杨柳，春风不度玉门关"。

这就是中国文学史上非常有名的旗亭画壁，三位当红诗人在酒楼里比谁的诗最受欢迎，按照比赛规则，冠军当然是非王昌龄莫属了。

但其实，命运对于这位初入官场的诗人并不公平。

事情的起因是宰相张九龄被贬。

这令王昌龄很是想不通，他不明白为什么像张九龄这么正直的人却被贬了官，而李林甫那样的奸佞之人反倒成了皇帝身边的红人。

他越想越是想不通，于是天天上奏折替张九龄喊冤。

这不摆明了是和当权派的李林甫叫板吗？

所以很快，王昌龄就被贬去了岭南，他在那里一待就是三年，直到公元739年，王昌龄才终于要回长安了。

就在王昌龄从岭南北还的路上，发生了两件大事。一件大事，是他路过襄阳，去看望了布衣诗人孟浩然。两人一见面都非常开心，他们喝了好多酒，又吃了好多的海鲜。

结果，这一顿暴饮暴食引得孟浩然旧病复发，一命呜呼了。

而另一件大事，就是王昌龄在北还的路上，遇到了正打算去长安一展身手的李白。

李白对王昌龄说，他想好了，他这次上长安，一定要干一番大事的。

王昌龄欲言又止，他其实是想劝李白还是算了吧，自由的生活比什么都美好。但李白眼里的渴望，像火一样的热烈，王昌龄不忍一盆冷水浇上去熄灭了它。

到底要不要告诉这位老弟现实的残酷呢？

王昌龄想了想，提起笔，写了首诗，送给了这位小老弟：

> 摇曳巴陵洲渚分，清江传语便风闻。
> 山长不见秋城色，日暮蒹葭空水云。

他说："亲爱的小老弟啊，我知道你一心向往着长安，但你心里的那座长安城，正被一片秋山包围着，你根本就没有看清楚。而至于你想要在那里得到的功名，也不过是像浮云流水一样靠不住的东西。"

这首诗李白看懂了吗？

李白看懂了，但并不是当时就懂的。他真正读懂王昌龄的这首诗，已是几年以后的事情了。

◎ 相聚金陵，却不能相守一生

几年以后，当李白不得不沮丧地离开他曾经心心念念的长安时，他一定会在某一个时刻，突然想起王昌龄送给他的"山长不见秋城色，日暮蒹葭空水云"这首诗。

直到这个时候他才终于明白，他想要的长安城，与他眼前的长安城，完全不同。

李白来长安，是怀着一腔报国的志向，想要实现他的政治理想的。

事实上，玄宗皇帝也确实是欣赏他的，但玄宗欣赏的，是他写诗的才华。所以，李白在长安两年多的时间，过的不过是一种御用文人的生活。

而他多年游侠经历养成的放任不羁的性格，又与长安官场显得格格不入。

所以，长安并不适合他。

带着玄宗给他的一大笔遣散费，李白离开了。他又开始了一轮新的游侠生活，走河南，逛山东，最后，李白来到了六朝古都金陵。

巧了，此时的王昌龄正好在金陵做官，两个好朋友终于可以在一起了。

一个是被贬出京的地方官，一个是怀才不遇的大诗人。但，他们一个是七绝圣手，一个是诗仙。两个人再一次相遇，饮酒作诗这样的快活事肯定是少不了的。估计那时的他们，一定希望时间就此停止吧，能和好哥们在一起，即使远走天涯也是件十分快乐的事情。

王昌龄这样想，李白一定也这么想。

可事情从来都难遂人愿。

有一天，李白要去扬州赴另一场约会，他没有带王昌龄，因为王昌龄要上班。所以，两个好朋友暂时分开了。过了几天，李白在扬州忽然遇到了一个人，这人他认识，是王昌龄的同事。

于是李白赶忙问："你最近见我昌龄兄了吗？他过得怎么样？"

可对方什么话也没有说，只是默默地叹了口气。

李白立即预感到事情不妙，他的这位老兄跟他一个脾气，任起性来什么话都敢说，什么人都敢得罪，说不定什么时候就祸从口出。

李白猜得没有错，果然，王昌龄又被贬了。

而王昌龄被贬的原因，就是因为他行事不拘小节，说话大大咧咧，又把人得罪了。而这一贬，竟然被贬去了更为偏远的龙标。

龙标在今天湖南怀化一带，唐朝的时候这里还是一个相当荒蛮偏僻的地方。所以，当李白听说王昌龄被贬去了龙标时非常难过，他大概有些后悔，在王昌龄最是倒霉的一段日子里，自己反而跑到扬州来快活了。可是后悔又有什么用呢，王昌龄已经离开了，他们竟然连一声道别的话都不曾给对方讲过。于是，他只能给远方的王昌龄写一首诗：

> 杨花落尽子规啼，闻道龙标过五溪。
> 我寄愁心与明月，随君直到夜郎西。

这首《闻王昌龄左迁龙标遥有此记》的诗，与李白以往狂放不羁的诗风完全不同，这首诗李白写得很是深情，带着无限的牵挂与忧伤——自己身处杨花落尽的江南，听着一声声的子规声啼，想到王昌龄却要只身去往龙标那个遥远而荒凉的地方，李白既不能陪在身边，又无能为力。于是只好把他对王昌龄的一片思念与祝福寄给天上的月亮，希望月亮可以替他天天陪着王昌龄，守护着王昌龄。

从此以后，两位诗人再也没有见过面。他们彼此的思念与记挂，也就只能凭着这一片月光来互相传递了。王昌龄在龙标一待就是八年，直到公元757年，他好不容易熬得能告老还乡了，却又被一个叫闾丘晓的人莫名其妙地杀了。

而李白的人生，也正在经历着一场恐怕连他自己都无法想象的跌宕起伏，诗人梦怀高远，却争不过命运无情……

> **朋友圈**
>
> **吴筠**
> 报了个旅行团,我想逛四川。
> 哥们儿一首诗,吓破我的胆。
> 蜀道难,难于上青天。
>
> 10分钟前
>
> ♡ 李白,玄宗皇帝,贺知章,王昌龄
>
> 九公主回复吴筠:你哪个哥们儿有这本事?
> 吴筠回复九公主:就是我常跟你提起的李诗人,公主要不要见见?
> 贺知章回复吴筠:如今这世道,谁还不是个诗人。😂
> 吴筠回复贺知章:我的眼里只有他。
> 贺知章回复吴筠:发一首过来瞅瞅。
> 九公主回复吴筠:我也很感兴趣!🙏

贺知章一直都以为,这世上再也找不出第二个比他还会写诗的人了。

皇帝让写啥,他就能写啥,不管他写了啥,皇帝都说没问题。所以大唐诗坛的头把交椅,不是他贺知章的,还能是谁的?

但是现在,贺知章不敢这么想了。从道士吴筠的朋友圈里,他认识了一位真正的天才诗人。

吴筠说,此人并非凡人。

贺知章果然就从此人的诗里读出了几分的仙气。

他想,莫非真的是神仙下凡吗?

不,不是神仙下凡,而是李白进长安了。

金龟换酒,一切尽在不言中——李白与贺知章

◎李白入长安

恐怕李白自己都没有想清楚,究竟是在哪一天的哪一刻,自己突然就疯狂地想要入长安了。

入长安能做些什么呢?

当然是实现他的政治抱负,可以治国平天下。

这个理想在李白还很年轻的时候表现得并不是十分突出。前面我们说过,那个时候的他,向往做一名仗剑天涯的侠客。所以他选择了离开四川,但他并没有选择去往大唐的政治中心长安,而是流连在吴楚一带,游洞庭,逛金陵,下扬州,最后还去了趟湖北的襄阳。

在襄阳,他人生之中的第一位偶像出现了。

> 吾爱孟夫子,风流天下闻。
> 红颜弃轩冕,白首卧松云。
> 醉月频中圣,迷花不事君。
> 高山安可仰,徒此揖清芬。

年轻的李白,爱上了满腹才华,但却不喜做官的孟夫子——孟浩然。

这个时候的孟浩然正在老家过着清闲自在的小日子,他"红颜弃轩冕,白首卧松云"的生活状态很是令李白迷恋。

轩冕,指的是官员的专车以及华丽的官服。别看这些都是权力的象征，可孟浩然一点儿也不稀罕。他宁愿对月饮酒，欣赏自然风光，也不愿意去朝廷里侍奉君王。这让年轻的李白非常钦佩，觉得那是一种像高山一样值得景仰的精神。

所以说，这个时候的孟浩然简直就是李白的精神偶像，因为此时的李白跟孟浩然一样，他们都没有那么强烈的入仕之心。

可年纪一天天大了，李白终于意识到这种仗剑天涯的日子如果一直继续下去，好像越来越糟糕了。

首先，是家里就要没米下锅了。

其次，是周围跟着他一起混世界的人都去跑官了。

于是在他的心里顿时出现一个声音："我到底应该干些什么呢，难道真要这么一天天地混下去吗？"

这或许就是自由和面包的选择，或许也是一个侠客和一个怀有政治抱负的中年知识分子的碰撞：

> 近者逸人李白，自峨眉而来，尔其天为容，道为貌，不屈己，不干人，巢、由以来，一人而已。

这是李白。他潇洒飘逸，绝不会为了权贵而折腰，更不喜欢玩政治。他向往的是一种自由自在的隐逸生活。

> 卷其丹书，匣其瑶琴，申管、晏之谈，谋帝王之术。

这也是李白。他向往能像春秋战国时期的管仲、晏子那样成为帝王身边的重臣，参与国家的政治谋划，干一番轰轰烈烈的事业。

这两个李白同时出现在他的《代寿山答孟少府移文书》里。李白在这篇文章里托物寄情，以寿山比他自己，虽然藏于大山之中，但其实心怀梦想。于是就有了两个李白，一个隐逸，一个却向往能去皇帝的身边谋一番政治作为。

看似矛盾，其实都是他自己。

现在，这两个李白开始打起架来了，而且越打越厉害。最后，向往能去皇帝身边谋一番政治作为的李白终于战胜了隐逸的李白——李白想要入仕了。

他写信给他的堂哥，想从堂哥那儿得到些帮助：

> 吾兄青云士，然诺闻诸公。
> 所以陈片言，片言贵情通。
> 棣华倘不接，甘与秋草同。

李白这首求人的诗写得很文艺，也很含蓄。他先是把他哥猛夸了一顿，说他哥现在正官场得意，很风光的。然后便小心谨慎地说出了自己想求哥帮个忙的意思。但很快，他又补充道："哥你能帮就帮，如果帮不了也没关系，咱俩还是好兄弟。"

文人的面子薄啊，求人真是难为情。

可有什么办法呢？此前的李白是个诗界游侠，他一是"所交尽豪杰"，没跟官场打过交道；二是"却秦不为赏，击晋宁为功"，从来就没把功名放在心上过。现在突然立下志向，想要去官场上好好做点儿事情，可哪儿来的人脉资源呢？

所以只能放下身段去求人了。

但他的堂哥好像并没有在仕途上给过他什么帮助，于是过了几年，李白又去求一个叫作韩朝宗的人，他给韩先生写自荐信，其中有这么一句话：

> 生不用封万户侯，但愿一识韩荆州。

当我第一次读到李白写给韩朝宗的信时，我都不敢相信这句"生不用封万户侯，但愿一识韩荆州"是李白说的。

李白是什么样的人呢？

是"天生我材必有用"的，根本不会去求人；

是"举杯邀明月，对影成三人"的，他甚至连知音都不需要，有花有酒有月亮，他就是一个世界了。

但他现在想要出来做官，那就必须得求人，而且还求得这么肉麻，说什么封不封侯的有什么关系，只要能见一面韩荆州就知足了。

韩荆州就是韩朝宗，因为在荆州做官，所以人称"韩荆州"。这个人应该还是不错的，至少很乐于提拔年轻人。"生不用封万户侯，但愿一识韩荆州"这话并不是李白的原创，而是当时的很多读书人总结出来的一句求官秘籍——"想要你的仕途一路平坦吗？那就去找韩荆州吧！"可见，这位韩大人一定帮助过很多年轻人。

但他就是没有帮李白。这是为何？

因为李白的口气太狂傲了。在他给韩荆州的这封信里，确实是把韩荆州夸上了天，可他把他自己夸得比天还要高。一会儿说他"三十成文章，历抵卿相"，一会儿说他"虽长不满七尺，而心雄万夫。皆王公大人许与气义"。

既然你都那么牛了,那你还来求人家韩大人干什么呢?所以,韩大人读完之后肯定不高兴了,把李白的自荐信扔在一边,没理他。

李白的求官之路,又一次被堵死了。

就在这个时候,李白认识了一个叫吴筠的道士。

这个吴道士也是个人物,修行特别深,名气特别大。据说,长安城里很多有权有势的人都很迷恋他。李白和他一商量,不如就让吴道士带着自己上长安试试运气吧。

主意拿定,李白在家里大摆辞行宴,跟老婆孩子好吃好喝了一顿之后,意气风发地就跟着吴道人出发了。临行前,他给他的孩子们写了一首诗:

> 白酒新熟山中归,黄鸡啄黍秋正肥。
> 呼童烹鸡酌白酒,儿女嬉笑牵人衣。
> 高歌取醉欲自慰,起舞落日争光辉。
> 游说万乘苦不早,著鞭跨马涉远道。
> 会稽愚妇轻买臣,余亦辞家西入秦。
> 仰天大笑出门去,我辈岂是蓬蒿人。

看得出来,这个时候的李白真是好开心啊。

可谁知道,满怀欣喜的李白跟着吴道人进了长安以后,事情进展得却并不顺利。好些天过去了,他一直被冷落在长安的一家小客店里无人问津。

这条长安的求官之路,到底走得通走不通呢?

◎ **不好好当官的诗人，不是好诗人**

如果说李白没有遇上贺知章，搞不好他在长安的求官之路还真是挺艰难的。

但是，他遇上贺知章了，所有问题好像都迎刃而解了。

当我知道贺知章这个名字的时候年纪还很小，那时老师教我念他的诗：

> 少小离家老大回，乡音无改鬓毛衰。
> 儿童相见不相识，笑问客从何处来。

后来又念他的"不知细叶谁裁出，二月春风似剪刀"，我又觉得这诗写得更好，把春风比作剪刀，裁剪出新春的柳芽，这比喻新颖生动，很有创意，贺知章不愧是个大诗人。

可后来慢慢地长大了，我却发现了一个奇怪的现象，贺知章这位大诗人的诗作被收录进《全唐诗》里的竟然连二十首都不到。

当然，我们不能以作品的数量来评论一个诗人。

初唐的张若虚留下的诗不过两首，但一首《春江花月夜》高高地悬挂在大唐诗坛的天空，"以孤篇盖全唐"，已经足够了。

可是我们看看贺知章的这些诗，随便翻几首来看，水平并不怎么样，大部分都是些应制诗。

什么是应制诗呢？

就是皇帝给他出的命题作文，或者是安排的写作任务，这像极了我们今天写的会议总结或者是活动宣传文案。

> 至哉含柔德，万物资以生。
> 常顺称厚载，流谦通变盈。
> 圣心事能察，增广陈厥诚。
> 黄祇傥如在，泰折侯咸亨。

这是贺知章的《顺和》诗，一看就是给帝王唱赞歌的。还有下面这首《奉和圣制送张说上集贤学士赐宴赋得谟字》，皇帝宴请一个叫张说的人吃饭，贺知章做陪，皇帝就安排他写了这首诗，所以这基本就是一篇辞藻华丽的活动宣传稿：

> 西学垂玄览，东堂发圣谟。
> 天光烛武殿，时宰集鸿都。
> 枯朽沾皇泽，翾飞舞帝梧。
> 迹同游汗漫，荣是出泥涂。
> 三叹承汤鼎，千欢接舜壶。
> 微躯不可答，空欲咏依蒲。

无需再一一列举了。贺知章的诗百分之八十以上都如此。为数不多的几首好诗，像《回乡偶书》《咏柳》《题袁氏别业》和《采莲曲》，都是他退休回家以后写的，虽然数量太少，却个个耐读，比起他上班的时候写的那些命题作文来，实在是高妙太多了。

所以就有人说，这位贺诗人当年在岗的时候，一定是把所有的心思都用在工作上了,所以诗才没写好。

但好像也不是这样的。

翻开贺知章的工作简历,会发现在他的职业生涯上,有三个重要的阶段:

第一个阶段,他在立正殿修书,这是个文职工作,像今天的图书编辑一样。但贺知章做得怎样呢?

史书上说他"累年无功",意思是说这工作贺知章干了好些年,也没见干出什么成绩来。

但贺知章的命好,他碰上了一个叫张说的宰相很赏识他的文学才华。于是后来他换工作了,去做礼部侍郎。这是他职业生涯里的第二阶段,贺知章干的这个礼部侍郎是个实打实的肥差,结果还是让他给搞砸了。

有一年,皇帝李隆基的哥哥申王死了,这是个大事儿,按照当时的礼仪规定,葬礼上要组织一群年轻人来给申王唱挽歌。这些来唱挽歌的年轻人叫作"挽郎",是个很露脸的工作,因此并不是谁想当就能当的——首先,他的家世要好,父亲爷爷都是当官的;其次,他个人的形象、气质、文采还都得出众,得是百里挑一的人才。

所以能被选上做挽郎的,基本都是官二代中的佼佼者,孩子露脸,家长的脸上也有光。于是但凡遇到王公贵族的葬礼,那些有头有脸的家长都会想尽办法让自己的孩子来当挽郎。

申王葬礼上挽郎的选拔工作,就落在了礼部的贺知章身上。

结果,应该被挑上的一个没挑上,不应该被挑上全都上了场。这中间的猫腻暂且不说,总之那些孩子没被挑上的家长全都不干了。这些人也都是有头有脸的人物啊,他们围在礼部的办公大厅里,非要找贺知章讨个说法不可。吓得贺知章找了个梯子,爬上墙头就溜了。

这下,礼部他是待不下去了。

换了个工作被调去工部做后勤保障,没干多少天,正好太子那边缺人手,又把贺知章调去了。这段时间,他一边在太子府里帮忙,一边兼任秘书监一职。这个秘书监的岗位有点像国家图书馆馆长的职位,这是贺知章职业生涯的第三阶段。但无论是太子那里,还是国家图书馆这边,贺知章干的都是个闲职,没有什么正经的事干,却有了大量空余的时间。于是,他开始学着自己给自己找事来干了——他天天泡在酒肆里喝酒,还给自己取了个别号叫"四明狂客"。

四明是个山名,在贺知章的老家附近。他现在年纪也大了,又干着可有可无的差事,于是他可以不拘小节了,每天喝得酩酊大醉也无所谓了,因为他是狂客了嘛。

所以,我们现在来看贺知章这个人,他做诗人,大半辈子写的都是歌功颂德的公文;做官员,也没见他干出什么政绩来。

但他却在朝廷里平平稳稳地做到了八十多岁,皇帝还舍不得他退休。这在大唐诗人里,绝对是个例外。

所以,我也常想这中间的道理,究竟为什么呢?

大概真的是贺知章太会做人吧。至少,他的命题作文写得非常好,句句都能写进皇帝的心里去,这本事,还真不是一般文人可以有的。因此,即便是年纪大了些,酒喝得多了些,但一点儿也不妨碍皇帝喜欢他。

◎ **李白和贺知章,究竟谁成全了谁**

当贺知章读到李白的《蜀道难》时,这位整天喝得迷迷糊糊的老人家眼前突然一亮,他清醒了:

> 噫吁嚱,危乎高哉。蜀道之难,难于上青天。
> 蚕丛及鱼凫,开国何茫然。
> 尔来四万八千岁,不与秦塞通人烟。
> 西当太白有鸟道,可以横绝峨眉巅。
> 地崩山摧壮士死,然后天梯石栈相钩连。
> 上有六龙回日之高标,下有冲波逆折之回川。
> 黄鹤之飞尚不得过,猿猱欲度愁攀援。
> 青泥何盘盘,百步九折萦岩峦。
> 扪参历井仰胁息,以手抚膺坐长叹。

李白写这首《蜀道难》的时候,人在长安,正是落寞失意的时候,恰逢他有位朋友要去四川,于是就写这首诗告诉朋友说,去四川的路实在是太艰险了。他形容这条山路是个鸟儿都飞不过去的地方,高处可以攀天,低处波流回旋,整篇诗写得天上人间,玄幻奇妙而又气势恢宏,把贺知章读得目瞪口呆,直呼:"这不是人写的,这是天上的神仙写的啊。"

于是,李白"谪仙人"的外号就此诞生了。

虽然此时的贺知章最擅长于写公文,但他还是很有文学修养的，想当初他也是进士及第之人，文学功底自然差不了。所以，当他看到李白的这首《蜀道难》时，立即就被这位才气冲天的中年知识分子给吸引了，兴冲冲地跑去找李白，然后拉着李白就朝酒馆跑了。

这两个人都爱酒，当然，也都爱写诗，虽然水平高低不一样，但对文学的热情却是相同的。于是相见恨晚，坐在酒馆里一杯接着一杯地喝，直喝到酒馆都要打烊了，伙计拿着酒水单来结账。

贺知章一摸口袋，坏了，出来得太着急，忘记带钱包了。

不至于要喝顿霸王酒吧？李白当时就傻眼了。

贺知章赶忙安慰他说："不急不急，咱有好东西。"他解下怀里的一只小金龟交到了店伙计的手里问："这值不值你的酒钱？"

贺知章的这个金龟当然值钱了，因为它不是人人都可以拥有的。在唐朝，只有当一个人做了朝廷的命官，朝廷才会给他发一只小金龟。虽说是金龟，其实是铜制的，根据规定五品以上官员的金龟饰银，只有三品以上官员的金龟才饰金。可无论饰金还是饰银，那都是朝廷官员身份的象征，但贺知章却把它押在了酒馆里，这让当时的李白非常感动。

若干年以后，贺知章已经去世了，李白也离开了长安，开启了他人生之中的第二次游侠之旅。有一天，他路过贺知章的老家，忽然就想起这位曾经为他金龟换酒的老人家：

> 太子宾客贺公，于长安紫极宫一见余，呼余为"谪仙人"，因解金龟换酒为乐。

这段话不过二十来个字，但无论对于李白还是贺知章来说都太重要了。

因为首先这实在是李白的一场"凡尔赛文学"。他说他在回忆贺知章是不假，但在回忆贺知章的同时，就此把自己"谪仙人"的名号彻底叫响了。

在这段话里，李白给出了两个非常重要的信息。

第一，"谪仙人"的名号不是我李白自封的，而是当年的太子宾客兼皇帝身边的大红人贺知章老先生给取的——够规格。

第二，别看我李白那个时候无名无分，但这位贺大人却曾经为我用金龟换过酒——够分量。

仅此两点，李白的诗人身份便被镀上了一层金。也正是因为这两点，一位文学前辈不遗余力提携晚辈的故事足以感动中国文坛上千年。

贺知章大了李白四十来岁，属于资深文学大咖，而且还深得皇帝的喜欢。他把李白推荐给了唐玄宗，李白从此开始进入大唐最高阶层的朋友圈。这段恩情李白记下了，而且一记就是一辈子。所以李白时不时地想起来了，就把贺知章夸两笔：

> 欲向江东去，定将谁举杯。
> 稽山无贺老，却棹酒船回。

没有了贺知章，李白说他想找个喝酒的人都困难。他给了贺知章这么高的评价，惹得迷恋他的小老弟杜甫也跟着一块儿凑热闹，写了个《饮中八仙歌》，把贺知章高高地排在了第一位：

> 知章骑马似乘船，眼花落井水底眠。

有句话说，你说你牛，你不算真牛。其他人说你牛，你也不算真的牛。除非说你牛的那个人他自己就很牛，那你才是真的牛。

这段话在李白与贺知章的故事里，得到了充分的验证。

> **岑参**
> 一不小心,考了个第二名,平常心平常心 😂
>
> 12分钟前
>
> ♡ 王之涣,赵岳,杜甫
>
> ———
>
> 高适回复岑参:你就嘚瑟吧
>
> 岑参回复高适:不行你来 😂
>
> 高适回复岑参:早晚来。
>
> 杜甫:高老师未来可期,岑老弟高中也是好事,值得庆贺。🤝
>
> 高适回复杜甫:只有小杜会做人。👍👍
>
> 岑参:刚刚得到可靠消息,诗仙下岗了。
>
> 高适:这已经不是新闻了。
>
> 杜甫:🙆

朋友圈

　　杜甫从岑参的朋友圈里,看到了李白下岗的消息。一开始,他根本不相信这是真的。

　　李白那可是杜甫的偶像啊。

　　他的诗写得那么好,人又那么有魅力,怎么可能会下岗?

　　所以这一整天,杜甫的心情都糟糕透了。除了不停地翻看各大新闻媒体发布的文化圈动态,其他什么他都干不下去。

　　首先,他看到有他兄弟岑参进士中第的消息,这条消息让杜甫的脸上露出微笑。

　　可紧接着,杜甫脸上的微笑就消失了,因为他又看到了另一条消息。

　　果然,他的偶像,像神一样存在的诗仙李白,真的下岗了。

日月同辉，当诗圣遇到了诗仙——李白与杜甫

◎ 李白下岗

李白真的下岗了。这是他自己都不曾料想得到的事情。

他在长安入职以后的第一份工作是翰林待诏，相当于皇帝身边的行政秘书，负责处理各类文字工作，职位非常低。

但李白不在乎，他相信以他的个人才华，很快就能得到晋升的机会，因为各种迹象都表明，玄宗皇帝还挺欣赏他的。

李白一直都记得，他第一次见到玄宗的那一天。贺知章对玄宗皇帝说："您眼前的这位可不是一般人，这是天上的诗仙下凡呐。"

玄宗微微一笑，对李白说："卿是布衣，名为朕知。"

这话的意思是说，虽然李白只不过是位平民诗人，但李白的大名，他却是早就听说过的。

但李白水平到底是不是名副其实呢？还得现场写一首才知道。

于是，李白眉头微微一皱，灵感马上就来。

在这一点上，李白跟他的偶像孟浩然不一样。

孟浩然太老实了，当着皇帝的面，张口就来了句"不才明主弃"，把皇帝惹不高兴了，也把自己的当官之路给封得死死的。

可李白那一天的发挥实在太精彩了，史书上说他在玄宗皇帝面前是"颂赞一篇"，直把玄宗赞得喜笑颜开，马上就请李白吃饭了。酒席宴上，玄宗对李白越看越喜欢，还亲自调了一碗羹给他吃。

这待遇真是极高了。

照这个剧情发展下去，感觉用不了多久皇帝就得提拔他了。

所以，他给一位姓苏的朋友写信说：

> 巨海纳百川，麟阁多才贤。
> 献书入金阙，酌醴奉琼筵。
> 屡忝白云唱，恭闻黄竹篇。
> 恩光照拙薄，云汉希腾迁。

李白这诗的意思说的是现如今皇帝特别爱惜人才，他每天跟着皇帝在金碧辉煌的宫殿里讨论事情，又跟随在皇帝身边吃香的喝辣的，还参与很多重大题材的创作。皇帝待他是真不错的，估计他平步青云的日子很快就要来了。

果然，事情似乎是按李白想象地来了。玄宗皇帝确实欣赏他，走哪儿都喜欢带着他，无论看见了什么，都想让他现场写首诗。

但事情似乎并不像李白想象的那样。没错，玄宗皇帝是走哪儿都喜欢带着他，也确实是看见了什么都想要让他写诗助兴。但好像除了这些以外，玄宗再也没打算让他干什么了。

所以慢慢地，李白的自我感觉没有刚来那会儿好了。他心里开始琢磨：我李白如果只想写诗，在哪儿写不好，非要被关进这皇宫里来写？而且还尽是写些巴结人的诗：

> 飞燕皇后轻身舞，紫宫夫人绝世歌。
> 圣君三万六千日，岁岁年年奈乐何。

想起这首命题作文的诗,李白自己恐怕都会笑出声来。玄宗让他写赞歌,他就祝玄宗长命百岁,而且天天都跟美人美酒美景在一起,享受逍遥淫乐的帝王生活。只是,李白再也不想奉陪着了,他开始翘班了。

工作的时间,玄宗经常找不见李白的人,他每天都在酒馆里喝酒,并且一喝就把自己喝醉了。

可是皇帝又想让他来写诗了,而且还是给心爱的杨玉环来写诗。你看,玉环多美啊,难道不值得被诗仙讴歌吗?

但诗仙又喝醉了。醉得迷迷糊糊的,像摊烂泥似的倒在了地上,怎么叫都叫不醒。

玉环不耐烦了,小嘴一噘,指着李白喊:"拿水泼他。"

李白激灵一下,醒了。在他眼前是富贵艳丽的牡丹,牡丹花前站着比牡丹花还好看的杨玉环,正等着他写诗讴歌呢。

那一天,李白一口气给杨玉环写了三首诗:

> 云想衣裳花想容,春风拂槛露华浓。
> 若非群玉山头见,会向瑶台月下逢。
>
> 一枝红艳露凝香,云雨巫山枉断肠。
> 借问汉宫谁得似?可怜飞燕倚新妆。
>
> 名花倾国两相欢,长得君王带笑看。
> 解释春风无限恨,沉香亭北倚阑干。

这就是李白非常有名的《清平调》，全是夸赞杨玉环的，说她长得好看，跟牡丹似的娇艳无比，而且还特别受到皇帝的宠爱，像汉朝的赵飞燕一样。

杨玉环听了很满意，心想李白不仅把她写得美，而且还把她比作汉朝的赵飞燕，这难道不是暗示了她将来也能和赵飞燕一样当皇后吗？

赵飞燕是汉成帝刘骜的皇后，但这个女人的名声不太好，第一心狠手辣，毒害嫔妃；第二作风不好，秽乱后宫。

所以，就在杨玉环还美滋滋地沉浸在这几首小诗里的时候，高力士悄悄地跑来给她递话了："李白拿您比作赵飞燕，他到底几个意思呢？"

一语点醒梦中人，刚刚还挺开心的杨玉环，这下也觉得这诗有问题了——难道李白真是在指桑骂槐，说她杨玉环也跟赵飞燕一样是个祸乱后宫的女人？

一个挺美好的场面——美人、鲜花，还有诗，就这样被高力士的一句话给破坏了。

肯定有人好奇，高力士为什么要这么做呢？

这事儿说起来，也怪李白自己，谁让他总是不把高力士当回事儿呢？

高力士可不是一般的人物。他虽然是个宦官，但年纪轻轻就跟在玄宗的身边，一跟就是几十年。玄宗的一个眼神、一声叹气，高力士都能准确地解读，所以他一直都是玄宗身边不离左右的人，很得玄宗的宠信。

有一次，皇帝又想找李白写诗了，可李白又跑出去喝酒了。高力士找到他的时候，他已经喝得连路都走不了了。

高力士赶忙催着他说："李诗人，您快点儿吧，皇上那边正等着您呢。"

李白一看高力士那副着急的样子，就想捉弄他，于是抬起一只脚说："麻烦你先把我这脏靴子给换了再说吧。"

高力士是什么身份？他是玄宗皇帝身边的人，平日里专门伺候皇帝和娘娘的。可是现在，李白竟然让他来换靴子。

这就是著名的"力士脱靴"，讲的是李白蔑视权贵的故事，高力士就是权贵的代表人物，而李白却要拿他开涮。

这事儿高力士当时忍了，他真给李白把靴子脱了。可是这口气，高力士却始终咽不下去。

所以当李白给杨玉环写了这组《清平调》的时候，高力士可算是找着机会了——只要他一句话，就能让杨玉环对李白有看法。只要杨玉环对李白有了看法，李白再想升职加薪，那根本就是不可能的事情了。

果然之后有好几次，皇帝想提拔李白，杨玉环都会站出来说李白有问题。枕边风吹得多了，慢慢地，皇帝好像也觉得确实如此了。

◎ 梁宋有约

李白在长安给皇帝做翰林待诏的时间满打满算有两年多，他开始感到厌倦了。

这正是李白和贺知章最不一样的地方，贺知章能一辈子给皇帝唱赞歌，但李白做不到。李白来长安，他是要实现他的政治愿望的：

> 申管、晏之谈，谋帝王之术。

可皇帝想要的，只是一个高调赞美他帝王生活的御用写手。问题是写就写吧，还老有人在皇帝跟前说李白的坏话。

李白当然不干了。

所以，这个时候的李白对于自己长安生活的感受，和刚入职那会儿完全不一样了：

> 西施宜笑复宜嚬，丑女效之徒累身。
> 君王虽爱蛾眉好，无奈宫中妒杀人。

他用一个进宫的美女来比喻他自己，说虽然君王也爱美女，只可惜心怀嫉妒的人总是在皇帝跟前说这位美女的坏话，所以，美女是再也待不下去了。

一封辞职信寄上去，李白就这样下岗了。

其实我一直认为，李白的这次下岗是命中注定的。因为此时有个人，正在他的游侠之路上默默地等待着他——此人就是迷恋了李白一辈子的杜甫。

杜甫比李白小十一岁。

当李白已经在长安轰轰烈烈地走了一场时，杜甫无论是在诗坛还是政界，都还是个默默无闻的小菜鸟。

我时常说这两位一个像马，一个像牛。李白像马，喜欢放开缰绳肆意驰骋,谁要是把他勒得紧了,他就甩手不干,立马走人。

而杜甫就好像一头老黄牛。他知道他生来的责任就是勤勤恳恳地拉犁。哪怕主人的鞭子抽打在身上,他依然任劳任怨。如果哪一天,主人家里没有粮食吃了,他就会很难受,觉得是自己的犁没有拉好,导致主人挨饿了。

杜甫的这种精神特质,或许和他的家庭出身有关系。翻开杜甫的家谱,其中有不少重量级的人物:

杜预:魏晋名将,他是杜甫的老祖宗;

杜审言:初唐诗人,唐高宗的御用文人,他是杜甫的爷爷;

崔李氏:这个女人的来头更是不得了——她的外婆,是唐太宗李世民的女儿临川公主。而她的女儿,嫁给了杜审言的儿子,又生了个儿子,叫杜甫。

换句话说,杜甫的外婆,是临川公主的外孙女,而临川公主又是李世民的亲闺女。所以这样算起来,杜甫也是有着大唐李氏皇族血脉的汉子。这种特殊的家世,让他从出生的那一天起,身体里回响的,都是为国效力的声音。他没有第二个选择,所以在李白"十五好剑术"的年纪里,杜甫却是"昔年十四五,出游翰墨场"——十四五岁的杜甫正在一心一意地读书作文章,为的就是能够有一天可以"气劘屈贾垒,目短曹刘墙"。

杜甫的志向很远大,目标也很明确,他是要超越屈原、贾谊、曹植、刘桢这些人物的。

曹植和刘桢都是大文学家;屈原跟贾谊,不仅是文学家,而且还直接参与国家政治。杜甫从小就以这些人作为他的人生榜样,和李白快三十岁了还在羡慕"红颜弃轩冕,白首卧松云"的隐居生活比起来，杜甫的政治愿望就非常明确。

所以，杜甫二十四岁就去长安参加科考了。结果名落孙山。

杜甫有些失望和消沉，所以他去旅游了，用山川美景来涤荡心里面的抑郁之气，这一游，就是好几年。

直到年过三十，杜甫才回到了老家河南。

这个时间点很是巧合。

杜甫回到河南老家那年是公元741年，两年多以后，李白从长安离职，开始了一场漫无目的的自由行，第一站，他就从长安到河南了。

这个消息让杜甫激动极了。

那个时候的李白，在杜甫的心里是神一样的存在。他太向往能和这位诗坛大腕有一次深度交流了。所以一听说李白到了河南，杜甫立即主动前去拜访，而且他还给李白写了一首长长的见面诗：

> 二年客东都，所历厌机巧。
> 野人对腥膻，蔬食常不饱。
> 岂无青精饭，使我颜色好。
> 苦乏大药资，山林迹如扫。
> 李侯金闺彦，脱身事幽讨。
> 亦有梁宋游，方期拾瑶草。

这一次相见，两个人聊得一定很投缘。

首先，他们是有共同语言的——一个"五岁通六甲"，一个"七岁能作诗"，都是神童级的人物，遇到了一起，只要是关于文学的话题两人都能相谈甚欢。

其次，两个人的生活都不如意。一个考场落第，一个官场失意，彼此在人生最低谷的时候遇到了一起，无论对方说什么，都可以感同身受。

而最能让他们共鸣的，是他们都对现实感到不满。

李白是刚刚从长安政治集团的最深处走出来的，他自己都说，"君王虽爱蛾眉好，无奈宫中妒杀人"，皇帝也许是个好皇帝，但皇帝身边的坏人太多了，导致这实在不是一个好人可以待下去的世道。

杜甫这两年待在洛阳，这是一座在政治地位上仅次于长安的城市，可杜甫在这里看到了什么呢？是"二年客东都，所历厌机巧"，也全是些尔虞我诈的社会黑暗。

两个人这样一聊起来，立即同频共振了。

但此时的杜甫还是一位小了李白十来岁的诗坛晚辈，在面对大咖级的人物李白时，杜甫多多少少还是有些在意李白的感受。

所以，他没有一个劲儿地宣泄他对这个时代的不满，而是话锋一转，他开始去寻找李白喜欢的话题了。李白离开了长安以后，对于政治方面基本上不想再操什么心了，此时的他迷上了炼丹问道的生活。所以，杜甫就约他"亦有梁宋游，方期拾瑶草"，意思是洛阳这座城市里没有什么可以炼丹的好药材，不如我带你去梁宋吧，那里有很多奇花异草，可以找来炼丹，你觉得怎么样？

李白一听，兴趣来了。

◎ 你是我一生的牵挂

梁宋在今天河南的商丘一带，唐朝的时候，这里就是非常有名的文化古城。既然李白都来河南了，作为当地居民，杜甫自然很乐意当导游，带着李白去逛一逛这座古老的城市。

他们结伴出行的途中，还意外地遇到了大唐的另一位著名诗人高适，杜甫真是欢愉极了，两位诗坛大咖，竟然能和他一起游梁宋，这是多么令人开心的事情啊。所以若干年以后他回忆当时的场景时，写了这样的一句诗：

> 两公壮藻思，得我色敷腴。

那时的李白和高适，无论是年纪还是名气，都比杜甫大，杜甫跟着两位大诗人一起聊文学、聊人生，聊得高兴了就登台高歌，临风怀古，好不快活。

只是，这令人高兴的时光总是那么短暂，好像在一起还没有待够呢，分别的时刻就到了。

杜甫觉得，他还有好多的话没有和李白说呢。

于是，一年多以后，他们两个又相聚了。这次，只有他们两个人。见面的地点，也从河南变成了山东。他们一起游览了齐鲁大地的山山水水，两个人"醉眠秋共被，携手日同行"——晚上睡觉的时候同盖一床被子，白天携手同行形影不离，看起来感情已经好到了不分彼此的地步。所以，到了即将分别的时候，就连飘逸洒脱的李白都依依不舍，于是他写了首诗送给杜甫：

> 醉别复几日,登临遍池台。
> 何时石门路,重有金樽开。
> 秋波落泗水,海色明徂徕。
> 飞蓬各自远,且尽手中杯。

李白,一个小有成就的诗坛大咖,此时,在泗水之滨,面对着杜甫,他感伤了。他们在一起这么些天,他已经舍不得和这位小老弟分开了。但是,天下没有不散的宴席,杜甫有自己的理想要实现,而他,还有他的梦要做。现在,他们的齐鲁之游就要结束了。李白捧起酒杯,他很想再说些什么,可一时也不知该如何开口,干脆就举起杯来,一切都在酒里了。

面对离别,杜甫似乎比李白想得还要多。他眼前的这位老兄,虽然论岁数是比自己大了十来岁,可依然天真得像个孩子。这往后的路,他到底应该怎么走呢?杜甫实在是有些不放心,于是也写了首诗送给李白:

> 秋来相顾尚飘蓬,未就丹砂愧葛洪。
> 痛饮狂歌空度日,飞扬跋扈为谁雄。

杜甫对李白说:"你整天喝酒狂歌,这样下去也不是个办法啊。"

看,杜甫倒像个大哥哥一样地关照起李白了,告诉他别总是一副醉生梦死的样子,总得干点儿正事儿吧。

这就是李杜二人的性格上的差异,李白像马,他是不喜欢被缰绳勒着的；但杜甫像牛，一天不让他犁地，他就难受。

所以，他劝李白，别总是喝酒了。

可李白觉得自己这样很好，反倒是杜甫一副忧国忧民的样子让他觉得很好笑，看看杜甫的样子，年纪不大，白头发倒生了不少。所以他也劝杜甫：

> 饭颗山头逢杜甫，头戴笠子日卓午。
> 借问因何太瘦生，总为从前作诗苦。

关于这首诗到底是不是李白作的，历史上一直有争议。而李、杜二人的人生观有差别却是个定论。李白倡导的是"持盐把酒但饮之，莫学夷齐事高洁"，他说今朝有酒今朝醉的日子就挺好，何必一天到晚玩清高呢？

但杜甫不是这样的。杜甫想的是"致君尧舜上，再使风俗淳"，在他的身上，有着强烈的为国为民鞠躬尽瘁的献身精神。

两人的想法完全不一样，但这并不妨碍他们成为知音，相互牵挂与思念。齐鲁游之后，他们再也没有见过面。在那些分别的日子里，李白想杜甫，是"思君若汶水，浩荡寄南征"。杜甫想李白，是"寂寞书斋里，终朝独尔思"。

李白说："我想你就像浩浩荡荡的汶水一样绵绵不绝。"

杜甫说："我想你想得坐在书房里啥也干不下去。"

可是，李白寄给杜甫的信越来越少了，到了后来，这个人就好像是从世界上消失了一样，这让杜甫坐卧不安。他写了很多诗给李白，甚至就连做梦都梦到了李白，可这些梦又总是噩梦。

杜甫隐隐地感觉到李白可能出事了。他不禁心疼：

> 世人皆欲杀，吾意独怜才。

这世上有那么多的人都不喜欢李白，想置他于死地。但杜甫说，只有他是珍惜李白、想念李白的。

杜甫是真的很重视李白。可李白此刻到底在哪儿呢？杜甫的预感没有错，此时的李白的确摊上大事了。

> **朋友圈**
>
> **高适**
> 玉壶冰心今犹在，世间已无昌龄兄。
> 诗人一路走好😭😭😭🙏🙏🙏
>
> 12分钟前
>
> ♡ 李白，杜甫，王维，张镐
>
> 岑参：😭😭😭
> 张镐：这仇我早晚给昌龄兄报了。
> 元结回复张镐：听说了吗，诗仙也出事了。。
> 岑参回复元结：😱😱😱
> 杜甫回复元结：他怎么了？
> 岑参回复杜甫：私聊。

公元757年，大唐诗人的朋友圈充满了一片哀伤之气。

此时大唐的好日子早已一去不返。

安禄山造反，唐玄宗跑路。

破碎的长安城里，到处都是胡人的军队。

太子李亨在这个关乎大唐生死的重要时刻，跑出来替他爹扛住了事儿，看上去，一切都在朝着好的方向发展。

可大唐诗坛的坏消息，却又一个接着一个地传来了……

初见如故，再见早已是陌路——李白与高适

◎ **一场因站错了队伍引来的牢狱之灾**

公元 757 年，对于大唐诗坛来说，损失有点儿大。先是王昌龄被杀，紧接着，诗仙李白又入狱了。

此消息一出，大家都很震惊，这神仙似的李白，怎么就惹上了官司呢？

大概还是因为，在诗仙一副狂傲不羁的外表之下，藏着的那颗跃跃欲试的心始终都没有死过吧。

李白四十二岁入长安，是想要干一番大事业的。可惜"君王虽爱娥眉好，无奈宫中妒杀人"，他觉得他一没有遇到好人，二没有遇上好时候，所以一封辞职信寄上去，他回归山野了。

但李白的内心是不甘的。

> 歌且谣，意方远。
> 东山高卧时起来，欲济苍生未应晚。

这句诗出自李白的《梁园吟》，诗的前半部分写他在梁宋漫游的那段时间里和朋友们饮酒聊天，听上去过得还是很惬意的。

可就是最后这一句"东山高卧时起来，欲济苍生未应晚"，却暴露他真实的想法。

诗里面藏着一个典故，说的是东晋的大政治家谢安一开始隐居在东山，朝廷下了好几道任命书给他，他都不愿意出山。当时有人

开玩笑说:"这个谢安不出则已,他一旦出山,那就不得了。"

果然,后来谢安出山,干了好几件漂亮的大事。其中,最厉害的一件就是淝水之战,以八万之军力抵敌军百万。这种波澜壮阔的人生经历让李白很向往,他觉得自己早晚有一天也会像谢安一样东山再起,可以重新走入大唐的政治中心,实现他远大的政治抱负。

可没想到,这样的机会还没来,安史之乱就来了:

> 函谷如玉关,几时可生还。
> 洛阳为易水,嵩岳是燕山。
> 俗变羌胡语,人多沙塞颜。
> 申包惟恸哭,七日鬓毛斑。

此时,距离李白离开长安已经过去了十来年,他已是五十多岁的人了,眼看胡人入侵,而朝廷又抵抗无力,李白又急又恨。他在诗里形容他的心情,像春秋时期亡国的申包胥一样连哭了七天,把头发都哭白了。

我们上学的时候,老师教我们说,杜甫是一位爱国主义诗人,而李白是位浪漫主义诗人。感觉李白好像整天在旅游、在喝酒,他在过着一种跟时代完全不相干的生活。

但事实上,李白的爱国主义情怀,一点儿也不比杜甫少。

杜甫有"国破山河在,城春草木深"的忧叹,李白也有"天津流水波赤血,白骨相撑如乱麻"的悲痛。他甚至还强烈表达了"张良未逐赤松去,桥边黄石知我心"的报国愿望,意思是说他的才华跟汉朝的张良一样,但他不会学着张良去隐退,他要为国家为百姓去干一番大事业。

所以，当永王李璘来找李白的时候，李白高兴极了。

永王李璘是唐玄宗的第十六个儿子，他当时接受了玄宗的命令去做江陵郡大都督，路过庐山的时候，听说诗仙李白正在此地。永王久闻诗仙大名，他于是连下了三封聘书，希望李白跟着自己一块儿干。

李白那组著名的《别内赴征》，就是在这个时候写给妻子的：

> 王命三征去未还，明朝离别出吴关。
> 白玉高楼看不见，相思须上望夫山。

他说，他明天就要走了，妻子以后如果想他了，就到高高的望夫台上去等着他吧。他这样一说，大概是怕妻子伤心难过，于是转而又跟妻子开玩笑说：

> 出门妻子强牵衣，问我西行几日归。
> 归时倘佩黄金印，莫学苏秦不下机。

李白说："别哭了，我这是给咱赚前程去了，早晚有一天，我带着当官的金印回来，你可别笑我庸俗啊。"

他在这里借用了苏秦的典故，讲的是苏秦最辉煌的时候，曾经腰佩六块大印，好不风光。他拿这话来逗妻子开心，是为了缓解一下离别的哀愁。但李白自己也知道，离别毕竟是一件令人伤心的事情，他走以后，妻子一个人的日子，要怎么过呢？所以，他又继续写道：

> 翡翠为楼金作梯，谁人独宿倚门啼。
> 夜坐寒灯连晓月，行行泪尽楚关西。

想到自己走后，妻子每天独坐寒灯下，暗洒相思泪的样子，李白突然也忧伤了。但他还是跟着永王离开了，因为这是他盼望了很久的一次机会。

或许会有很多人说此举是李白这一生犯得最大的错误，因为永王后来反对朝廷，属于被清算的对象，而诗仙李白怎么可以选择跟他站在一队呢？

这里面可能会有一个小误会。

因为从打李白跟着永王走的那一天，李白一直深信，永王带领的是一支可以收复失地的军队。他在诗里这么形容：

> 试借君王玉马鞭，指挥戎虏坐琼筵。
> 南风一扫胡尘静，西入长安到日边。

在李白看起来，永王带领的明明就是正义之师嘛。因为这支队伍的目标，是要"一扫胡尘"和"西入长安"的。所以李白坚信，永王背负着的是复国的使命，于是他选择跟随永王，并且一路高歌，为永王写了很多的赞美诗，又是"诸侯不救河南地，更喜贤王远道来"，又是"秋毫不犯三吴悦，春日遥看五色光"，全是夸永王的。

可永王为什么后来会被定性成叛军领袖呢？

这话说起来有点长。

在玄宗安排永王南下的时候，逃难的队伍才走到了马嵬驿。那个时候的玄宗皇帝想的是万一关中守不住了，江南还有一块好地方。所以，他派永王去江南了。

可后来事态的发展完全不受玄宗控制了，他一定也没有想到，太子李亨会在他逃难期间给他安了个太上皇的帽子，自己跑去灵武当起皇帝来了。

那么现在问题就来了。

李亨在皇帝老爹还没死的情况下坐上了皇位，而他的兄弟永王却在富甲一方的江南，万一永王凭实力跟李亨对着干怎么办？

这种事情并不是没有可能。

所以，李亨就以新皇帝的身份下了一道圣旨，让永王马上回到四川保护他们的爹爹。可是永王并没听他的话，永王的心里大概还在想：我来江南是爹安排的，爹还没有死，我为什么听你的？

兄弟之间的不和谐自此而起。永王不听李亨的话，那李亨作为新任皇帝只能清算他。

李白的牢狱之灾也因此而起，永王都被定性成叛军领袖了，他作为同党自然跑不掉。

此时的李白命悬一线，谁又能来救他呢？

有人给李白出主意，让他找他的诗坛好友高适，就是当年跟他一起游梁宋的那位。

但高适真的能帮李白吗？

◎ **高适的小烦恼**

高适和李白的交情最值得一说的,是他们当年跟杜甫一起游梁宋的那一次。

那个时候的李白刚从皇帝身边离开,虽然下岗,但声名不减;

杜甫是诗坛新人,没当过官,也没成名,唯有对李白的一片敬慕之心;

而此时的高适,却已经是个小有名气的诗人了。

很多诗人之所以能够成为诗人,在他们很小的时候就能看出端倪。比方说李白,小小年纪就能读懂很多奇书。再比方说杜甫,也是年纪轻轻就作得一手好文章。

可高适究竟是怎么成长为一名诗人的,恐怕连他自己都会觉得这是个奇迹。他的童年,一点儿都不曾有过他将来是可以凭诗文名垂千秋的迹象,这个孩子如果放在现在,一定是最令老师头疼的学生,他不喜欢读书,却喜欢整天游荡在街头巷尾,跟一群小混混打架赌钱。

但不管怎么说,高适又确实是个聪明的孩子,好像学什么都无师自通。不知道是在哪一天,读了哪位高人的几首诗以后,他突然发现,这种文字游戏他也是可以做的。

于是,高适开始写诗了。

实话实说,高适的诗一开始写得真不怎么样,无论是诗的境界还是诗的语言都不像行家,但诗里流露出来的那一股子豪气却是怎么挡都挡不住的:

> 邯郸城南游侠子，自矜生长邯郸里。
> 千场纵博家仍富，几度报仇身不死。
> 宅中歌笑日纷纷，门外车马常如云。
> 未知肝胆向谁是，今人却忆平原君。
> 君不见即今交态薄，黄金用尽还疏索。
> 以兹感叹辞旧游，更于时事无所求。
> 且与少年饮美酒，往来射猎西山头。

高适这种豪放壮阔与千金散尽不足惜的精神气质像王昌龄：

> 边城十一月，雨雪乱霏霏。
> 元戎号令严，人马亦轻肥。
> 羌胡无尽日，征战几时归。

　　高适是跟王昌龄一样想把一身的豪气用在沙场上，但他也跟王昌龄一样，在塞外疆场上转悠了一圈，除了混得小小的诗名以外，其他什么也没捞着。

　　于是，高适打道回府了。然后他来到了宋中，置了块地开始当起农民来了。就在这个时候，他遇到了杜甫，还有刚刚下岗的李白，三人一见如故，开始"论交入酒垆"。他们携手走过了梁宋的大好山水，畅意之际就举杯豪饮，赋诗高歌，友谊的花朵自此蓬勃怒放。

　　凭着这一段情谊，高适会救李白吗？

　　如果放在十几年以前，高适还在河南当农民的时候，就是他想救李白那也救不了。但，此时的高适再也不是当初的高适了。

改变高适命运的,是一个叫哥舒翰的人。

哥舒翰是大唐朝一位非常有名的将军,当他在河西做节度使的时候,遇到了高适。

那时,高适已经不在河南做农民了。

他发现,农民这种日出而作、日暮而归的生活固然好,但终究还是平静了些,与他"且与少年饮美酒,往来射猎西山头"的精神气质多有不符。于是他扔下锄头,开始闯荡江湖。

就好像是命里注定的一样,他来到了河西,在这里遇到了他生命里的第一位贵人哥舒翰,从此开启了他人生的高光时刻。

如果说使盛极一时的大唐走向衰亡的是安史之乱这场劫难的话,那么成就了高适的,正好也是这一场劫难。

安史之乱一爆发,哥舒翰被任命为讨贼大将军,而高适也因为深得哥舒翰的赏识而被带上了战场。谁知哥舒翰出师不利,一上战场就成了叛军的俘虏。但高适命好,他从小路逃跑了。

见了肃宗皇帝李亨之后,高适表现得非常仗义,他非但没给他的上司落井下石,还替哥舒翰说了不少的好话,又给肃宗皇帝出了不少克敌的军事谋略。

肃宗一听,觉得高适说得头头是道,句句在理。于是,高适在肃宗面前脱颖而出,一路高升,从左拾遗到侍御史,又从侍御史到谏议大夫,他成为了肃宗皇帝身边的红人。

恰逢此时,永王跟肃宗闹掰了。曾经与高适在梁宋结下深厚友谊的诗仙李白成了同案犯。

巧的是,肃宗皇帝安排去平定永王的正是高适率领的军队。如果高适想救李白,便是一句话的事情。可这事儿如果被肃宗皇帝知道了，那高适别说保不住乌纱帽，就连脑袋搞不好都得搬个家。

到底是救，还是不救呢？

◎ 友谊的小船，说翻就翻

高适确实左右为难。

自己的仕途之路刚刚起步，一切看起来都那么顺风顺水。偏偏李白却在这个时候惹下这么大的乱子。

高适不知道如何是好，但这对李白来说却是个好机会，他赶忙托人给高适带了封信：

余时系浔阳狱中，正读《留侯传》。秀才张孟熊蕴灭胡之策，将之广陵，谒高中丞。余嘉子房之风，感激于斯人，因作是诗送之。

> 秦帝沦玉镜，留侯降氛氲。感激黄石老，经过沧海君。
> 壮士挥金椎，报仇六国闻。智勇冠终古，萧陈难与群。
> 两龙争斗时，天地动风云。酒酣舞长剑，仓卒解汉纷。
> 宇宙初倒悬，鸿沟势将分。英谋信奇绝，夫子扬清芬。
> 胡月入紫微，三光乱天文。高公镇淮海，谈笑却妖氛。
> 采尔幕中画，戡难光殊勋。我无燕霜感，玉石俱烧焚。
> 但洒一行泪，临歧竟何云。

李白这信写得憋屈极了。他先把高适一通猛夸，说高适和刘邦身边的张良一样智勇双全，别忘了他以前可是常拿张良比他自己的。可此时，李白再提到他自己的时候，只是长叹一口气，有什么冤枉不冤枉的，死就死了吧，反正死人也是常有的事情。所以"但洒一行泪，临歧竟何云"，意思是他跟高适如今是两条道儿上的人，他啥也不说了，就此别过吧。

听上去，李白好像话里话外并没有直说让高适救自己一命，但意思其实已经相当明确了——我为囚徒你为官，你一句话我出监，那就请你看着办吧。

可高适却自始至终没给李白任何的回应。

人生的选择，每个人都各不相同。有的人可以为朋友两肋插刀，抛家弃子都在所不惜。但也有人，在友谊与名利面前考虑得会多一些，权衡得会多一些。所以面对李白的求救信，高适沉默了。

那么李白的命到底是谁救下的呢？这好像成了个千古奇案。也有人猜测，是高适暗中操作的，他偷偷地干了这件好事，连李白自己都不知道。但还有个最为广泛的传说，讲李白是被郭子仪给救下的。

郭子仪是平叛安史之乱的头号功臣。据说，他年轻的时候曾经也犯过事儿，差点儿就要被砍头了，正好遇上了李白。那时的李白还是玄宗皇帝身边的红人，见了郭子仪以后，觉得此人很是与众不同，于是就找人说情，把郭子仪给救了。

不料风水轮流转，十几年以后，李白成了阶下囚，郭子仪成了大将军。于是郭子仪知恩报恩也把李白给救下了。

这段传说在历代文人之间被书写得相当美好：

> 英雄遭祸身几殒，幸遇才人，留得奇人，好作他年定乱人。

> 巧言能动君王听,轻信奸臣,误遣藩臣,眼见将来大不臣。

这是《隋唐演义》第八十三回里的一联对子,上联用的就是郭子仪跟李白的故事,讲人生变幻与因果效应的。

但这事儿到底是不是真的呢?

宋元明清,各代都有人在不断地找出郭子仪跟李白根本不可能有交集的证据来否定这个传说。于是,就又有了另一个版本的"李白生还记",说李白是被一个叫宋若思的人给救下的。这个宋若思是李白的好朋友宋之悌的儿子,现在李叔叔有难了,他就替他爸爸把李白给救下了。

不论这些传说哪一个是真的,又或者全都是杜撰的,又或者真是唐肃宗对李白心怀不忍,觉得他还罪不至死。总之,李白的脑袋确实是被保下了,皇帝只判罚他流放夜郎。可巧的是,就在李白被流放夜郎的路上,又遇到了皇帝开恩,天下大赦,凡是被判处死刑或者流放的犯人一律赦免。

当时的李白,刚刚走到了白帝城,听到这个消息,他喜出望外,于是这首著名的《早发白帝城》诞生了:

> 朝辞白帝彩云间,千里江陵一日还。
> 两岸猿声啼不住,轻舟已过万重山。

这一年,是公元759年,距离李白与杜甫、高适同游梁宋已经过去了十五年。此时,李白沿江而下,正在为重获自由而手舞足蹈的时候,那两位在距他不远的四川,再续前缘。

高适给杜甫写诗道：

> 人日题诗寄草堂，遥怜故人思故乡。

杜甫回复说：

> 叹我凄凄求友篇，感时郁郁匡君略。

只是梁宋三剑客，至今少一人。

李白无言，默默地烧掉了他给高适写过的所有诗，一个人顺江而去了。

> **朋友圈**

裴荐
夜半三更盼天明，
终于盼来了一条龙。
大唐有救了，大唐真的有救了。

12分钟前

♡ 贾至，杜甫，王维，李亨

房琯：有没有觉得我们还少了些什么？
裴荐回复房琯：人才。
房琯回复裴荐：👍👍👍
裴荐回复房琯：这事儿交给我来办。
杜甫回复裴荐：快告诉我发生了什么。
裴荐回复杜甫：你问得正是时候，私聊。🤝🤝

　　自从杜甫在裴荐的朋友圈里看到了这条消息之后，他开始辗转反侧，彻夜不眠了。

　　裴荐说，太子李亨在灵武登基做皇帝了。

　　杜甫的心里就像打翻了五味瓶，他在想老皇帝李隆基。

　　杜甫一直觉得老皇帝待自己还是很不错的。但他的老婆却持反对意见，她说如果老皇帝真待杜甫好，他们一家子早就过上幸福美好的生活了。

　　可事实上呢？

　　往事并不如烟，历历在目，一切，都仿佛是昨天刚刚发生的一般……

兄弟两隔,欲说心事无知己——杜甫和岑参

◎ 奔向凤翔

杜甫跟李白的齐鲁之游以后,他只身来到了长安。

虽然李白告诉过他,长安城里底下暗流涌动,并不是表面看上去那般太平。但杜甫就是想来试一试。他在泰山顶上写《望岳》的时候,那股想要成就一番丰功伟业的气魄,料想是谁也挡不了的:

> 岱宗夫如何?齐鲁青未了。
> 造化钟神秀,阴阳割昏晓。
> 荡胸生曾云,决眦入归鸟。
> 会当凌绝顶,一览众山小。

但事实上,他到了长安以后才发现,李白说的话还是很有道理的,这个地方确实不好混。

他写了很多自荐信,都石沉大海了。他也托了很多的人情关系,都没有了下文。所以,杜甫只能每天跟在一群权贵的身后,像他诗里写的那样:

> 朝扣富儿门,暮随肥马尘。残杯与冷炙,到处潜悲辛。

这种生活对于"读书破万卷,下笔如有神"的杜甫来说,实在是一种折磨。可尽管如此,他心里的理想却始终在发光:

> 致君尧舜上，再使风俗淳。

这一年，杜甫的机会终于来了。

唐玄宗李隆基要在郊外搞大型的祭祀活动，托人安排，杜甫在这次活动中承担了重要的文宣工作。也就是这一次，他写了非常有名的三大礼赋——《朝献太清宫赋》、《朝享太庙赋》和《有事于南郊赋》。

这三篇赋写得十分漂亮，玄宗皇帝一看，大为惊叹，马上就召见了杜甫。这本来是多好的一次机会啊，可偏偏杜甫在这个时候却生病了，他得了非常严重的疟疾，一整个秋天都在家里养病。等杜甫的病好了，刚刚以一个右卫率府胄曹参军的身份入职大唐，大唐却又病得不轻了。这病是安禄山带来的，直逼大唐的心脏长安——安禄山反了，长安大乱了！

当时，杜甫的右卫率府胄曹参军的编制在太子府，这是个非常小的官，八品都不够。所以安史之乱爆发以后，他根本就不在朝廷考虑的范围之内，该跑路的跑路，该平定叛乱的去平定叛乱，杜甫成了个没有人管的小职员，他只能带着全家去逃难了。

太子李亨在灵武登基的时候，杜甫一家正在鄜州避难。当他听到这个消息的时候，"致君尧舜上，再使风俗淳"的崇高理想便又一次被点燃了。新登基的皇帝是杜甫的顶头上司，杜甫此时怎么可以不在上司的身边呢？

于是安顿了妻儿老小，杜甫便去投奔他的新皇帝了。谁知刚过长安，他就被叛军抓进了监狱。幸亏他没有像王维那样又有诗名又有官名，所以叛军也没太当他是回事儿，关了几天就把他放了。

从监狱里出来，杜甫看到眼前一片国破山河碎、百姓苦流离的悲凉景象，悲从中来，心里真是哀伤极了。于是，那首著名的《哀江头》就在这时诞生了：

> 少陵野老吞声哭，春日潜行曲江曲。
> 江头宫殿锁千门，细柳新蒲为谁绿？
> 忆昔霓旌下南苑，苑中万物生颜色。
> 昭阳殿里第一人，同辇随君侍君侧。
> 辇前才人带弓箭，白马嚼啮黄金勒。
> 翻身向天仰射云，一笑正坠双飞翼。
> 明眸皓齿今何在？血污游魂归不得。
> 清渭东流剑阁深，去住彼此无消息。
> 人生有情泪沾臆，江水江花岂终极！
> 黄昏胡骑尘满城，欲往城南望城北。

说起杜甫的这首《哀江头》，我总是会提到白居易的《长恨歌》，因为这两首诗的内容大致相同，都是以杨玉环和李隆基的爱情作为创作背景的。尤其是白居易的《长恨歌》，以李隆基和杨玉环的爱情贯穿始终，在情感的最高爆发点，凝结成最后的一句"天长地久有时尽，此恨绵绵无绝期"。所以，白居易始终没有脱离对杨玉环和李隆基爱情的惋惜与悲叹。

而杜甫《哀江头》则大不相同。

起首一句"少陵野老吞声哭"里，已经饱含了作者对国破家亡说不尽的哀伤与悲痛。想说却不知该从何说起，想哭却悲痛得连声音都发不出来了。所以他是"吞声哭"的——有过经验的人都知道，只有在极度悲痛的时候，人会哭得连声音都发不出来了，这比大声嚎叫的哭更加痛彻心扉。

但杜甫哭的并不是杨玉环和李隆基的爱情，他哭的是因为这场爱情导致了如今的"黄昏胡骑尘满城"，让他只能"欲往城南望城北"，这令这首诗的思想境界远远地高出了《长恨歌》，而杜甫的诗歌艺术自此开始走向了新的境界。恰在此时，他的人生也因为一个叫作凤翔的地方，开始了另一场的颠簸流离。

凤翔，一个距离长安几百里路程的地方，新皇帝李亨此时正在那里。杜甫一路投奔而去，这让李亨很是感动，危难之际来投奔他的那都是铁忠臣，于是当即给杜甫颁发了一份任命书，拜作左拾遗，顺带问了句："你身边还有什么人才可以推荐给我吗？"

杜甫想都不带想地脱口而出："岑参。"

◎ 想你，想得我又瘦了好几斤

说起岑参，那可是杜甫的铁哥们了。

估计连他们自己都说不清，他们的友谊究竟起于何时，大约当年杜甫还在河南的时候，两个人就已经认识了。可尽管如此，杜甫跟李白、高适在梁宋喝酒赋诗的那一场文化盛宴，岑参并没有出席。

那个时候的岑参正在长安参加科举考试，并且一举中第，名列榜单第二名。不得不说，这么好的成绩，必须要感谢他们老岑家遗传的优秀基因。

岑参的祖父岑文本是唐太宗的宰相，也是唐朝著名的文学家；他两位伯父岑长倩和岑长羲，又分别在唐高宗和唐睿宗时期做过宰相。

可惜，在岑参还没有出生的时候，他的两位伯父就因为惹上了官司全都被砍了头，岑家也因此败落。

然而这一切并没有击碎岑参的长安梦，反倒让他从小就树立了一个非常远大的梦想——到他的父祖们曾经辉煌过的地方去，在那里为他们岑家再创一次新的辉煌。

岑参目标明确，行动果断，在三十岁就进士及第。可是，他想要光宗耀祖的梦想却落空了。

虽然他进士及第，但朝廷却只给了他一个无足轻重的职位，这让岑参多少有一些失望，于是开始写诗发牢骚了：

> 三十始一命，宦情多欲阑。
> 自怜无旧业，不敢耻微官。
> 涧水吞樵路，山花醉药栏。
> 只缘五斗米，辜负一渔竿。

这诗的意思是说自己苦读了那么些年的书，本想着一朝中第，从此大展宏图的，谁知却被安排了这么一个可有可无的职位。可是我又有什么办法呢，虽然工作不怎么样，但还是得干下去，总是要糊口，毕竟要生活。

看起来岑参对他这份工作并不怎么热爱，所以干了没几天他就辞掉了，之后他跟着一位名叫高仙芝的将军跑到塞外去了。

> 银山碛口风似箭，铁门关西月如练。
> 双双愁泪沾马毛，飒飒胡沙迸人面。
> 丈夫三十未富贵，安能终日守笔砚。

或许此时的岑参开始觉醒了。他认为，一个顶天立地的汉子，与其整天窝在办公室里碌碌无为，不如到沙场上去历练一番。谁知这一历练，就练出了一位优秀的边塞诗人来：

> 北风卷地白草折，胡天八月即飞雪。
> 忽如一夜春风来，千树万树梨花开。

岑参的边塞诗独树一帜，不仅有金戈铁马的壮烈与豪放，更有一种凄美冷艳的艺术美。尤其是这一句"忽如一夜春风来，千树万树梨花开"，即使到了现在，在每一个大雪纷飞的日子里，总还是会被无数的人吟诵。

岑参从边塞回来的那一年，正好就是杜甫得疟疾的那一年。两个好朋友已经很久没有见面了，杜甫十分想念他的这位好兄弟，所以听见岑参回来，他感觉自己的病好像都好了一大半，于是立即和岑参约好九月九日重阳节那天去曲江登高远望。

可是偏不凑巧，那一年的长安雨水特别多。杜甫在一篇散文中曾用过"多雨生鱼"这个词来形容，意思是说雨水多到就连路上的水洼都生了小鱼了。直到九月九日重阳节的那一天，雨还在下，丝毫没有要停下来的意思：

> 出门复入门，两脚但如旧。
> 所向泥活活，思君令人瘦。
> 沉吟坐西轩，饮食错昏昼。
> 寸步曲江头，难为一相就。

杜甫心里着急，他试着出去了一次，结果被雨打了回来。过了一会儿，他又试一次，还是被雨打回来了。他坐在窗前，望着越下越大的雨，他茶饭不思，一门心思就想着出门去见岑参，想得他竟然都说出了"思君令人瘦"的话来。

看来他是太过思念岑参了，于是"沉迷思念，日渐消瘦"。

可这一场约会，终究还是被这一场秋雨阻断了。但杜甫跟岑参的友谊，却并没有因此而中断。那段时间，他们两个人在长安共度了一段非常美好的日子，一起游览长安的美景，一起把酒吟诗，好不快活。

这一天，岑参又约了杜甫，还有高适、储光羲等好几位诗人去游慈恩寺，并且一起登上了大雁塔。关于这一次出游，可以说是大唐诗歌史上的又一个重要时刻，因为每个人都在此次出游中留下了重要的诗作：

杜甫写了《同诸公登慈恩寺塔》，高适写了《同诸公登慈恩寺浮图》，储光羲写了《同诸公登慈恩寺塔》。

岑参也写了，可岑参的这一首诗就十分奇怪，他的题目是《与高适薛据同登慈恩寺浮图》,跟其他人的都不一样。所以有一次,我的一位学生就问我,杜甫给岑参写诗,都写"思君令人瘦"了,为什么岑参写这首诗的时候,题目上连提都没有提杜甫呢?

要回答这个问题,我想,只能从这两个人此时的人生观上去找答案了。

◎ **你是我永远的好朋友**

在讲杜甫和岑参各自的人生观以前,我们先来看看岑参的这首《与高适薛据同登慈恩寺浮图》:

> 塔势如涌出,孤高耸天宫。
> 登临出世界,磴道盘虚空。
> 突兀压神州,峥嵘如鬼工。
> 四角碍白日,七层摩苍穹。
> 下窥指高鸟,俯听闻惊风。
> 连山若波涛,奔凑似朝东。
> 青槐夹驰道,宫馆何玲珑。
> 秋色从西来,苍然满关中。
> 五陵北原上,万古青濛濛。
> 净理了可悟,胜因夙所宗。
> 誓将挂冠去,觉道资无穷。

岑参的这首诗,前面用了一大段去描写慈恩寺大雁塔的高峻险拔,直到最后,他突然笔锋一转,从这座佛塔上领悟到人生真谛了。他说,"净理了可悟,胜因夙所宗。誓将挂冠去,觉道资无穷"。这时岑参对于官场已经厌倦,有了退隐之心了,他想要将他的人生信念放在念佛修道上,所以他说他要"誓将挂冠去"了。

"挂冠"从字面上的理解,便是将帽子挂起来的意思,但其实这里面有一个典故,讲汉朝有一个叫逢萌的人,因为看不惯朝廷的昏庸黑暗,把自己的官帽挂在城门上,骑驴而去,从此隐退了。所以这"挂冠"从此便有了辞官、退隐的意思。

岑参在这首诗的最后说他也要挂冠而去,也不知道是不是因为这首诗的主题思想与杜甫"致君尧舜上,再使风俗淳"的人生理想全然不同,所以岑参才会选择在诗的题目上有意地避开了杜甫。此刻的岑参,已经开始怀疑杜甫对朝廷和皇帝始终抱有的幻想究竟有什么意义。

但之后,当杜甫向新皇帝李亨推荐了岑参以后,岑参居然还真的又来了。虽然他早前就有了"誓将挂冠去"的念头,可在国破家亡的时刻,岑参依然选择了从政。这或许就是中国古代知识分子的胸怀,从他们开始读书的那一天起,他们就知道自己的使命是要治国平天下的。

新皇帝给岑参安排的官位是右补阙,这是个得罪人的差事,他要经常提醒皇帝哪件事情做得不够完美,或者哪件事情根本就是做错了。而岑参偏偏又是个眼里揉不得沙子的人,只要看见了,没有他不说的。所以,岑参很快就跟皇帝处得不那么融洽了。

于是,岑参就给杜甫写诗:

> 联步趋丹陛，分曹限紫微。
> 晓随天仗入，暮惹御香归。
> 白发悲花落，青云羡鸟飞。
> 圣朝无阙事，自觉谏书稀。

他说，他表面上整天跟在皇帝的身边，其实人家似乎根本就不需要他，因为已经"圣朝无阙事"了。这其实是句反话，是岑参在发牢骚呢，因为说什么都是多余的，那还要他这右补阙干吗呢？所以杜甫马上安慰他：

> 窈窕清禁闼，罢朝归不同。
> 君随丞相后，我往日华东。
> 冉冉柳枝碧，娟娟花蕊红。
> 故人得佳句，独赠白头翁。

杜甫对岑参说，不要总是那么悲观，看看窗外的春色，还是十分美好的嘛。

杜甫这是在劝岑参，其实也是在劝他自己。看起来，他在皇帝的身边，也感到不如意了。但他没有岑参那么消极。即使受点打击，经历些磨难，他也始终保持着对朝廷和皇帝最高的忠诚与信心，绝不放弃他"致君尧舜上，再使风俗淳"的崇高理想。

但真实的情况的确是朝着岑参预想的来了，皇帝不再需要他们两个留在身边了，很快就把他们打发出了长安：

先是杜甫被贬到华州，紧接着岑参被贬到了虢州，一东一西，两个好朋友又一次被分开。

直到公元765年，杜甫终于盼来了两个人可以团聚的消息，此时距离他们被贬出长安已经过去了七八年的时间。这一次，是岑参要来嘉州做官了。

而此时的杜甫正好客居重庆，离嘉州很近。

> 泊船秋夜经春草，伏枕青枫限玉除。
> 眼前所寄选何物，赠子云安双鲤鱼。

杜甫欣喜不已，又可以见到好朋友了，他连此次见面要送给好朋友的礼物都想好了。谁知天不遂人愿，岑参走到半路遇上了蜀中战乱，等杜甫兴冲冲地赶到嘉州来与他相会的时候，他已经被迫返回长安去了。

两个人最后一次相遇的机会就这样错过了。后来等岑参辗转来到嘉州的时候，杜甫早已离开了四川，两个人又没有见上面。

岑参很是失落，他独自坐在江面的一艘小船里，望着浩渺而宁静的江面，回想起自己的一生，于是写了首诗：

> 三度为郎便白头，一从出守五经秋。
> 莫言圣主长不用，其那苍生应未休。
> 人间岁月如流水，客舍秋风今又起。
> 不知心事向谁论，江上蝉鸣空满耳。

此时岑参的身边，除了空寥的江水与噪人的蝉鸣以外一个人也没有。他好想找人说说话啊，但是好朋友你到底在哪里？

　　记得许多年以前，杜甫曾经对他说过"思君令人瘦"。现在岑参终于明白了，当一个人在最是困顿寂寥的时候，想念朋友的滋味果然是可以令人日渐消瘦啊。

> **朋友圈**
>
> **房琯**
> 都说蜀道难,难于上青天,
> 但我终究还是上来了——
> 成都,你好。
>
> 5分钟前
>
> ♡ 董大,高适,杜甫
>
> 杜甫:真的来了吗,现在已经在成都吗?
>
> 房琯回复杜甫:没想到吧,我们又可以在一起了😎😎 叫上严武,咱们仨好好地喝上一杯。
>
> 严武:我没空

房琯来四川了,他惦记这一天已经惦记很久了。

别误会,房琯惦记的可不是四川的小吃。

在四川,有两个人比小吃还让他惦记,这两个人就是杜甫和严武。

二人都是房琯当年做宰相时一手栽培出来的年轻人,他至今还记得杜甫和严武刚刚入职时的样子。

可是岁月如梭,人生似梦。

如今的他,已经不再是当年的宰相了。他们也不再似从前。

房琯好想知道,他们如今在四川过得怎么样。

所以房琯一到成都,马上发了条朋友圈,告诉所有人(当然主要是杜甫和严武)他房琯来四川了。

竹里行厨,谢谢你来了——杜甫与严武

◎ 当理想输给了现实

房琯早年隐居在洛阳陆浑山的时候,他和杜甫就认识了。那个时候房琯不是宰相,杜甫也不是诗人,所以史书上把他们的这段交往称作"布衣之交",两个人都是普通老百姓。

等到他们再次重逢的时候已是若干年之后,杜甫从鄜州一路坎坷来到了凤翔,他惊讶地发现当年的布衣之交房琯此时已是新任皇帝身边的红人,正官居宰相一职。

所以就有人猜想,杜甫大概应该因此过上好日子了吧?毕竟好朋友都做了宰相了,他离平步青云也不远了。

恰恰相反,杜甫非但没有因为房琯而步步高升,反而因为房琯而遭殃了。

这件事情,得从一位名叫董庭兰的音乐家说起。

或许听到董庭兰这个名字,大家会觉得很陌生,但其实这个人大家都知道,因为我们都读过高适的《别董大》:

> 千里黄云白日曛,北风吹雁雪纷纷。
> 莫愁前路无知己,天下谁人不识君?

高适这首诗里的董大,说的就是这位董庭兰。他是唐朝非常著名的音乐家,和房琯的关系特别好。好到什么程度呢?有人给他们两个写过一首诗:

> 七条弦上五音寒，此艺知音自古难。
> 唯有河南房次律，始终怜得董庭兰。

意思是说自古以来，在音乐方面想要寻找一对真正的知音，其实是非常难的。如果非要找出一对来的话，那一定就是房琯和董庭兰。

房琯非常欣赏董庭兰。据说房琯当了宰相之后，就一直把这位董音乐家养在自己的家里，但这位音乐家也不知道是怎么回事，竟然借着房琯的名义搞贪污。恰巧此时朝廷里正有人想要整房琯，如此一来，董音乐家可是给这些人提供了大作文章的好素材。

就这样，检举信一封一封地落到了肃宗皇帝的御案上，说的都是房琯和董庭兰一起搞贪污的事情。肃宗皇帝一看龙颜大怒，立即就把房琯的宰相罢免了。

满朝文武，没一个敢吭声的。

只有杜甫跑来替房琯喊冤："多大点儿事呀，也未免太小题大做了吧？"

皇帝正在气头上，一听杜甫的话，心想那你杜甫觉得多大的事儿才算事儿呢？于是连杜甫一起也看不顺眼了，没多久就把他贬去了华州。

华州是个穷地方，杜甫来这里做司功参军，是个特别小的闲官，一天到晚也没有什么正经的事情做，于是杜甫正好趁这空档，就想回河南老家去探亲。

公元 759 年的春天，杜甫开始了返乡之旅。这场旅程对于杜甫来说意义实在是太大了——不出门不知道，一出门吓一跳。战乱，已经让百姓的生活变得苦不堪言，而朝廷对此不仅不闻不问，反而变本加厉。

路过新安，杜甫看见军队里的士兵还都是些没有长大的小娃娃：

> 客行新安道，喧呼闻点兵。
> 借问新安吏："县小更无丁？"
> "府帖昨夜下，次选中男行。"
> "中男绝短小，何以守王城？"

路过石壕村，他看见了一家人被抓丁残害得家破人亡：

> 暮投石壕村，有吏夜捉人。
> 老翁逾墙走，老妇出门看。
> 吏呼一何怒！妇啼一何苦！
> 听妇前致词：三男邺城戍。
> 一男附书至，二男新战死。

他进潼关，守关的士兵给他讲这里的尸骨曾经垒得像山一样高，可是这样悲痛的事情现在又要发生了：

> 哀哉桃林战，百万化为鱼。

> 请嘱防关将，慎勿学哥舒。

他把他这一路上的所见所闻写成了著名的"三吏三别"。在这些作品里，不仅有杜甫对百姓疾苦深深的同情，更有他对朝廷的失望透顶。

回到华州，一封辞职信递上去，杜甫从此开始了一段又穷又苦的流浪生涯。因为没有经济来源，杜甫一家常常吃了上顿没下顿，饿得实在不行了，就到山里去摘些野果子来充饥。所以，他们总是在不停地搬家，从陕西到甘肃，又从甘肃到四川，连日的奔波，让杜甫到了四川没多久就病倒了。本来杜甫就没钱，现在生活变得更加艰难了。

◎ 相逢在四川

如果没有严武，杜甫在四川的日子能不能坚持下去还真是很难说，但是严武的出现，对于杜甫来说简直就是雪中送炭。杜甫饿时，严武带着酒肉和仆人来看望杜甫了，杜甫一激动，就给严武写了这首答谢诗：

> 竹里行厨洗玉盘，花边立马簇金鞍。
> 非关使者征求急，自识将军礼数宽。
> 百年地辟柴门迥，五月江深草阁寒。
> 看弄渔舟移白日，老农何有鬓交欢。

严武也很意外,他没有想到杜甫的日子会落魄到如此的地步,所以他劝杜甫:

> 莫倚善题鹦鹉赋,何须不著鵕䴊冠。

严武在这句诗里借了两个典故,一个是祢衡的《鹦鹉赋》,他劝杜甫不要学祢衡那样的人,孔融都推荐他去曹操那儿做官了,他非但不领情,还一边敲鼓一边讽刺曹操,这未免也太书生气了。

第二个是鵕䴊冠,这是一种汉代的官帽,上面装饰着鵕䴊鸟的羽毛,特别好看。严武这话的意思是给杜甫说,放着好好的官帽为什么不戴呢?就别那么固执了,我劝你还是赶紧出来当官吧。

但此时的杜甫对政治早已失去了信心,所以他回答严武说:

> 扁舟不独如张翰,皂帽还应似管宁。

杜甫在这里也借了两个典故,一个是晋朝的张翰,一个是汉朝的管宁,这二位都是闲云野鹤似的人物,归隐于山水之间,对当官一点儿兴趣都没有。杜甫以他们二位为例回答严武,意思是说,他早就想好了,要像张翰和管宁一样,再也不想做官了。

虽然杜甫并没有答应严武出来当官,但两个人的交往却频繁。有一次,严武有事要离开四川一段时间,杜甫的心里还有点舍不得,他一路把严武送到江边,望着严武远去的背影,杜甫又伤感起来了:

> 远送从此别,青山空复情。几时杯重把,昨夜月同行。

> 列郡讴歌惜，三朝出入荣。江村独归处，寂寞养残生。

这诗里是说如果没有了严武，那杜甫简直都不知道怎么生活下去了。可见此时的杜甫，对严武的感情得有多深呐。

那么严武究竟是位什么样的人物，会让杜甫如此看重呢？

要说严武这个人，最好还是先来说说他的爸爸严挺之。

严挺之曾经担任过尚书左丞，在唐朝是个挺大的官，所以严武生来就是官二代。但即便如此，严武的童年还是有些小烦恼的。他一直很是困惑一件事情，为什么爸爸总喜欢往小姨娘的房里跑，却很少来看妈妈呢？

严武的妈妈裴氏是严挺之的正房，可是年纪却大了；小姨娘是偏房，年轻好看。这些小严武当然不懂，但他知道，因为爸爸总去小姨娘那儿，所以妈妈不开心。

于是，有一天晚上，小严武偷偷地跑去小姨娘的屋里，拿了把铁锤就把姨娘的脑袋敲碎了。

仆人们都吓坏了，见着严挺之也不敢讲真话，替小严武打着幌子说，是他不小心失手把小姨娘误杀了。

谁知严武不慌不乱，拨开人群大声地说："谁说不小心，我就是故意的，谁让爸爸整天只待在她的屋里不去看我妈？"

那一年，严武只有八岁！

但有句话说"三岁看大，七岁看老"，严武个性果敢，长大以后依然是个敢说敢做的官二代。

在唐朝，像他这样的官二代，不用参加科举考试照样也能当官，这在古时候叫作"荫调"，即靠着祖上的官位就可以直接步入官场。

所以当杜甫在长安求爷爷告奶奶，想要在朝廷里混个一官半职的时候，严武就已经轻轻松松当上殿中侍御史了。

◎ 当失望日益加深

和杜甫一样，在严武的人生经历中，有一个人无论如何都避不开，此人便是房琯。

当初一听说安禄山反了，作为殿中侍御史，严武一开始是跟随唐玄宗到四川避难的。可是很快有消息传来，太子李亨登基做皇帝了，四川这位成了太上皇了。于是严武快马加鞭从四川到凤翔。

宰相房琯一看见这位风尘仆仆赶来的年轻人好生面熟，再一打听他的身世，原来是严挺之家那小子。于是，马上就把严武推荐给了唐肃宗。

从此以后，严武和杜甫同朝共事，他们的相交大约是从这个时候开始的。两个人论职位虽然有悬殊，论年纪也不算同龄人，但是他们都爱写诗，而且还经常写诗互相逗乐：

> 扈圣登黄阁，明公独妙年。
> 蛟龙得云雨，雕鹗在秋天。
> 客礼容疏放，官曹可接联。
> 新诗句句好，应任老夫传。

这是杜甫调侃严武的诗，意思是小严同学虽然年轻，前途却一片大好。就是麻烦这位同学以后写了新诗能不能先让老夫给你把把关呀?话里话外,都是在说严武虽然官做得好,但诗写得实在不怎么样。

论年纪杜甫大了严武十来岁,显然两个人的关系十分亲近,不然以杜甫的个性是不会在诗里这么调侃严武的。

后来杜甫因为受到房琯的牵连被贬去了华州。

而严武的命运同样也是因为房琯有了转折。他是房琯推荐上来的,房琯都被贬了,所以他也被贬去偏远的四川,做了成都尹。

正因为如此,当杜甫一路流浪到四川的时候,他们在成都相遇了。而此时两个人的境况却大不相同——严武在做成都市的市长,杜甫反而贫病交加,几乎快要活不下去了。

在严武的一再劝说下,杜甫后来终于答应出来做官了。他在严武的手下做工部员外郎,自此又过上了公家人的日子,有工资,有福利,一家人再也不用为吃喝发愁了。

按理说,此时的杜甫对生活应该很满意了,在自己小兄弟的手底下干活,既不用看谁的脸色,也不怕有人给他穿小鞋。可杜甫还是感觉不愉快。

小的时候,我们听老师讲杜甫这位诗人时说过,他是位现实主义诗人。但其实,杜甫的骨子里却是一位典型的理想主义者。

他希望朝廷清明,一旦看到了黑暗,他马上辞官而去;他希望社会公平,一旦看到了百姓受苦,他就会立即大鸣不平。

所以说到底,杜甫是个十分有原则和底线的人。

当他和严武还只是彼此欣赏的诗友时,他们每天相互唱和赠诗,喝酒聊天,杜甫会觉得严武这个人很有文采,也很仗义。

但是当他们成为上下级关系以后,杜甫好像突然意识到,那个曾经带着酒肉仆人到家里去看望他的严武,还有着他很是看不惯的另一面。严武是个官二代,他是含着金汤匙出生的人,一辈子也没吃过苦,更不知道节俭这两个字到底应该怎么写。用史书上的话说,严武在成都当市长的时候"颇放肆,用度无艺"。意思是说,严武这个成都市长有点飞扬跋扈,而且花钱大手大脚毫无节制。

这让目睹过百姓疾苦的杜甫心里很是不舒服。

所以有一次,严武请杜甫吃饭,杜甫竟然在严武的家里耍起酒疯来了。他站在严武的床上,瞪着严武大声地喊:"真没有想到啊,当年的严挺之那么好的一个人,怎么生下了你这样的儿子来?"

严武当时就傻眼了,心里想:"老杜我待你不薄啊,你居然敢指着鼻子骂起我来了?"

这严武是个什么样的人?他是个八岁就敢用铁锤锤死他小姨娘的人。挨了顿骂的严武气得咬牙切齿,于是他便找了把刀来就要杀杜甫。幸亏严武的帽子挂到了门框上,耽搁了一小步,正巧这时他的妈妈裴氏听到了动静从屋里跑出来,拦腰抱着严武说:"儿啊,你可不能再杀人了啊。"

这才保了杜甫的一条命。

现在我们来探讨一个问题,假如那一天,严武的帽子没有被门框挂住,他的妈妈也没有及时抱住他,他真的会杀杜甫吗?

我认为是不会的。

好朋友之间偶尔闹个别扭,说几句狠话,那是经常有的事。所以爱之深切,才会恨之痛切。杜甫如果不是真的关心严武,也不会在酒后说出那么失望至极的话来。但他们的友谊是在什么时候复合的,我没有在史书上找到答案。此事之后不久,严武突然暴病而亡。

他死得很突然,或许杜甫连到他的病床前大哭一场的机会都没有。为了寄托对严武的思念与敬重,杜甫把他写进了《八哀诗》里。

《八哀诗》是杜甫的一组传记体组诗,用他自己的话说,他写这组诗的目的,是为了"叹旧怀贤"的。而在这八位贤人里,严武居第三:

> 阅书百纸尽,落笔四座惊。历职匪父任,嫉邪常力争。
> 汉仪尚整肃,胡骑忽纵横。飞传自河陇,逢人问公卿。
> 不知万乘出,雪涕风悲鸣。受词剑阁道,谒帝萧关城。

带着对严武深深的怀念,杜甫在年过半百之后又一次开始了一场艰难困顿的流浪。只是这一场流浪的终点,他再也没有遇到一个可以为他"竹里行厨洗玉盘,花边立马簇金鞍"的人。

> 朋友圈

崔颢
不是说"重义爱士"吗?
果然又是个传说。

15分钟前

♡ 李白,杜甫,高适

李白:哈哈哈哈哈……(此处省略无数"哈")

崔颢回复李白:好像你没被人家白眼过似的。

李白回复崔颢:我又没给"人家"写过"十五嫁王昌"。😂

杜甫:两位老师说的,可是李大人?

崔颢回复杜甫:哪个李大人?我不认识,我朋友圈里没有这个人。

李白回复杜甫:大人说话,小孩子不可以插嘴。🦉

杜甫:哦。

好几天了,大唐文化圈一直都在议论一件事情,他们说,诗坛新秀崔颢被文化大咖李邕从家里赶出来了。

李白一开始并不相信。可是很快,他就在崔颢的朋友圈里证实了这件事情。

李白窃笑。

实话实说,李白对崔颢的感情十分复杂。他见过崔颢题在黄鹤楼上的诗:"昔人已乘黄鹤去,此地空余黄鹤楼。"

愣是憋得李白没敢在黄鹤楼上写下半个字。

现在，他觉得解气了——崔颢被李邕从家里撵出来了，哈哈。可一回想自己当年在李邕家里受到的待遇，李白又有点同情起崔颢来了。

都是在一个圈子里混的，能有啥事儿，惹得李邕非得把崔颢从家里撵出来呢？

少年才俊，只因浪名误一生——崔颢与李邕

◎ 当诗坛新秀遇见文学大咖

说起李邕，无论是在李白面前，还是在崔颢面前，都称得上是文学前辈。毕竟当李邕在文坛已经小有成就的时候，李白跟崔颢还都没有出生呢。

我总结了一下，李邕之所以成名很早，在很大程度上要归功于他有个好爸爸。

李邕的爸爸名叫李善，此人还有个外号叫"书簏"。

簏，指的是箱子。所以，"书簏"就是装书的箱子。一个人能得此雅号，可见他读书之多。

在这位"书簏"爸爸的栽培下，李邕从小就痴迷于读书而不能自拔，他把家里的书都读遍了，再没什么可读了，于是他就想到国家图书馆里的馆藏书了。

唐朝的国家图书馆叫秘阁，里面藏着上万卷的图书，但这些书都是秘藏的，从不对外开放。可李邕想读书想得心里直痒痒，于是就跑去找国家图书馆的管理员李峤想办法。两个人一商量，干脆也让李邕来当图书馆的管理员，这样他就可以一边工作一边读书，岂不是一举两得？

可李峤万万没有想到的是，他好不容易给李邕争取来的这份工作，李邕干了没几天就辞职了。李峤很纳闷，跑来问李邕："你不是说要把这里的书都看完吗？"

李邕说，他已经看完了。

李峤不信，他随手在图书馆里抽了几个孤本和一些从未公开过的文章考李邕，结果李邕对答如流。

李峤当时真是惊叹极了，他拉着李邕就往皇帝那儿跑。李峤心想这真是个难得的人才啊，得赶紧推荐给朝廷去。

那个时候的皇帝是武则天。像所有的男皇帝喜欢漂亮的小姑娘一样，这位女皇帝喜欢漂亮的小帅哥，其中最得宠的一位帅哥名叫张昌宗，颜值与情商都极高，但政治野心也很大。

所以，就有人给武则天建议说："您再不对张昌宗下手，他怕是要反了。"

但武则天觉得张昌宗那么听她的话，怎么可能会造反？

于是站在一旁的李邕马上搭话了，他对女皇说："张昌宗的问题必须马上解决。"

他的这番话吓得站在他身边的人赶紧给他使眼色，提醒他可不能在女皇面前乱说话。但李邕一点儿也不怕。

后来，武则天退位了，她的儿子李显当上了皇帝，可李邕直爽的个性始终不改。李显想长生不老,喜欢在身边养几个骗吃骗喝的方士给他煎药炼丹,李邕看不下去了,跑到李显跟前说:"如果真有长生不老之术,这天下就永远都是秦汉的,哪儿还有皇帝您的份?如果修道念佛能长生不老,梁武帝那么重佛道,他也早就长生不老了,这天下又哪儿有皇帝您的份?"

这就是李邕,对于看不惯的事情从不姑息迁就,哪怕对面坐着的是皇帝,他也寸步不让。所以像他这样的人在朝廷里肯定是不受待见的,于是一路做官一路被贬。但李邕这个人有个特点,不管自己的境遇怎么样,对读书人却一直很关照。尤其到了晚年,别看他的工资已经被降到快维持不了生活了,但他还是会经常拿钱出来贴补读书人。所以慢慢地,在江湖上便有了"重义爱士"的好名声。

杜甫就一直记得李邕的恩情。

那年,杜甫只有三十三岁,而李邕已经是位在文坛享有盛誉的老前辈了。当时李邕被贬到北海去做官,正好杜甫来这里旅游,便去拜访了这位老前辈。李邕待杜甫真是亲切极了,拉着杜甫的手一起游山玩水,还在一个叫历下亭的地方与杜甫探讨文学,相谈甚欢。当时的情景,杜甫一辈子也不会忘记,所以他写李邕的诗,总是情深意厚的:

> 忆昔李公存,词林有根柢。声华当健笔,洒落富清制。

不过李白似乎会持不同的看法。

李白见李邕要比杜甫早很多年。那时的李邕正当中年,而大名早已传遍四海。可李白还是个纯粹的文学小白,当时的李邕正在四川做官，对于年轻的李白来说，他既是文学前辈，又是地方父母官。也许正是李邕在李白面前不经意地流露出了他的这层优越感，一下子让李白感到不适，当即拂袖离席，不告而别了。

所以，李白写给李邕的诗，便是这样的：

> 大鹏一日同风起，扶摇直上九万里。
> 假令风歇时下来，犹能簸却沧溟水。
> 世人见我恒殊调，闻余大言皆冷笑。
> 宣父犹能畏后生，丈夫未可轻年少。

李白的意思是说，你李邕别看我现在默默无闻，但将来咱俩谁比谁厉害还不一定呢。孔夫子都说过后生可畏的话，我劝你呀，还是对年轻人尊重一些吧。

当年的李邕究竟对李白做过些什么，我们现在不得而知。但可以看出年轻的李白确实受到了伤害，而且还挺记仇。但这似乎一点儿也没有影响到诸多后生对李邕的景仰，李邕重义爱士的名声也一直流传在外，影响了大唐文坛很多年。

所以，诗人崔颢也兴冲冲地来了。

◎ 被一首诗弄坏了前程的诗人

崔颢的诗确实写得很不错，别的都不说，仅凭一首《黄鹤楼》就足够他在大唐诗坛立稳脚跟了。《沧浪诗话》里提到这首诗时，说"唐人七言律诗，当以崔颢《黄鹤楼》为第一"。

这是多么高的评价啊。

> 昔人已乘黄鹤去,此地空余黄鹤楼。
> 黄鹤一去不复返,白云千载空悠悠。
> 晴川历历汉阳树,芳草萋萋鹦鹉洲。
> 日暮乡关何处是?烟波江上使人愁。

所以就有这样的一段传说,讲李白有一次也来到了武汉,他站在黄鹤楼上突然诗兴大发,很想在此题诗一首。突然抬眼一看,就看到崔颢留下的这首诗,于是李白也不好意思提笔了,因为他觉得这首诗写得确实好,自己怎么写都无法超越。

那么崔颢的这首《黄鹤楼》究竟好在哪里呢?

其实如果单论格律而言,崔颢的这首诗并不合格,前四句完全是随心所欲而不合律的。但这首诗的对仗相当工整,"晴川历历汉阳树,芳草萋萋鹦鹉洲"简直就像是神来之笔,读起来朗朗上口。而末了的一句"日暮乡关何处是?烟波江上使人愁"更是将一个在外漂泊的游子无可寄托的乡愁刻画得宏阔苍凉,直入人心。故乡到底在哪儿呢?望着江上浩渺的烟波,一股乡愁便不由自主地激荡在胸间,令人无限惆怅。

作为一位素有"重义爱士"之名的文学前辈,李邕对崔颢这位诗坛新秀很感兴趣,所以在一个风和日丽的日子里,李邕邀请崔颢来家里做客了,他还专门腾出了一间客房来,打算好好地招待崔颢。

崔颢自然也是高兴的,一接到邀请函,欣然前往,当场就为李邕献诗一首:

> 十五嫁王昌，盈盈入画堂。自矜年最少，复倚婿为郎。
> 舞爱前谿绿，歌怜子夜长。闲来斗百草，度日不成妆。

这诗写得漂亮极了，崔颢十分满意，把它捧给李邕的时候，他满以为可以被李邕大加赞赏的。谁知李邕只看了一眼，脸马上就沉了下来："你写的这是什么东西？太不成体统了。"

李邕说完转身便进了里屋，把崔颢晾在一边，再也不搭理他了。

历来文坛，评论家都是厉害的角色，他说你好，你就好，他要是说你不好，那你就是想好也好不了。有句话说"文章自古无凭据，惟愿朱衣一点头"，意思就是评价一个作者写出来的文章到底好不好是没有标准答案的，它不像解数学方程式，只要你的答案正确，不管是哪个阅卷老师打分数你都错不了。

但文章的好或者不好，全看评论老师的喜好。

崔颢很不幸，他遇到了一个很不对脾气的评论老师，这位老师非常不喜欢他写的这首诗，一棍子将他打死，给崔颢下了个只会写艳情诗的评论。

崔颢当时也很困惑，他不明白，自己写的这首诗的问题究竟出在哪里。

他的问题，就出在了他写什么不好，非要提笔就写了"王昌"这个人。

"王昌"是个文学作品里虚构出来的人物，他就好比现代人口中的"隔壁老王"。这个人物的身份不是小姑娘幽会的情人，就是有夫之妇暗恋的对象。南朝乐府里有一首诗，讲一个叫莫愁的女孩子，嫁了一户十分不错的人家，小日子过得很滋润，可她还是整天坐在家门口琢磨着，假如当初跟了隔壁老王，想必生活应该过得比现在还有趣吧？

> 人生富贵何所望，恨不嫁与东家王。

被莫愁女惦记的这位隔壁东家的老王，指的就是王昌。所以现代大学问家钱钟书先生在给王昌画像的时候，说他"只是意中人、望中人，而非身边人、枕边人"，这话很是贴切。可崔颢写给李邕的诗，起笔就来了句"十五嫁王昌"，这就难怪李邕当场翻脸了。

因为李邕一直都是个板着脸孔做学问的人，不信我们随便挑他一首诗来看：

> 西陵望何及，弦管徒在兹。
> 谁言死者乐，但令生者悲。
> 丈夫有余志，儿女焉足私。
> 扰扰多俗情，投迹互相师。
> 直节岂感激，荒淫乃凄其。
> 颍水有许由，西山有伯夷。
> 颂声何寥寥，唯闻铜雀诗。
> 君举良未易，永为后代嗤。

这是李邕的《铜雀妓》。

铜雀妓是曹操养在铜雀台的一群歌女，不仅李邕为她们写过诗，很多唐朝诗人都写过。比如王勃和高适，他们都写过《铜雀妓》，但他们的角度多是站在这些女孩子悲惨的命运上，要么是"君王欢爱尽，歌舞为谁容"，要么是"君恩不再得，妾舞为谁轻"，意思是这些歌女无论当年的舞姿多么好看，现在曹操死了，没有人喜欢她们了，她们又跳给谁看呢？

这些诗，写的大都是对铜雀妓的同情与悲悯，岁月已逝，青春不再，她们的命运也变得十分悲凉。

但李邕的《铜雀妓》境界完全不一样。

他会告诉你，做个男人要有志向，不能整天沉浸在这些轻歌曼舞里。如果把他放在当代文坛，那就属于标准的文学卫道士的那一类。何况他还是个性格特别耿直的人，从不拐弯抹角，喜欢就是喜欢，不喜欢就是不喜欢，连皇帝的情面他都不会顾及，你说崔颢拿隔壁老王给他作文章，这不是撞在枪口上了吗？

自此以后，崔颢艳情诗人的人设便被刻画得死死的，连史书给崔颢做传的时候，只用"有文无行"四个字便给他定了性，即此人虽然是有些文化，但道德却极为败坏。

◎ 艳情诗人只是个传说

其实说起来，崔颢也是个苦命的人。他成名很早，大约不到二十岁，就考了个进士及第。但唐朝的用官制度并不是说进士及第了，你就马上能当官。

中进士，只是当官的一个预选条件。之后还要参加一场由吏部组织的考试，只有通过了这一场考试，才能算得上是真正走入仕途。

崔颢可能正是败在这场考试上，所以他一辈子也没能混进长安的政治中心，几十年在外流浪，走过江湖，也战过沙场。如果说他年轻的时候确实写过"玉堂有美女，娇弄明月光"的儿女情长，但玉堂和月光里的美好与浪漫，终究还是在塞外的金戈铁马与江湖的风霜雪雨中被磨灭殆尽了。

> 君家在何处？妾住在横塘。
> 停船暂借问，或恐是同乡。

这首小诗语言质朴，却情意深厚，浪迹天涯的孤苦以及对家乡温暖的渴望，崔颢全都写进了这短短的二十个字里面，哪儿还有什么艳情不艳情？

崔颢看透了人生，也看淡了人生。即使他写华山这么充满了奇绝传说的地方，也早已没有了当年的风花雪月。抹去了名利与幻想，此时的崔颢甚至想要放弃所有，在这里寻仙问道了：

> 岧峣太华俯咸京，天外三峰削不成。
> 武帝祠前云欲散，仙人掌上雨初晴。
> 河山北枕秦关险，驿路西连汉畤平。
> 借问路傍名利客，无如此处学长生。

崔颢写这首诗的时候已是天宝年间，想来李邕是没有机会感受到这首诗里浑厚的气魄和飘然如仙的艺术境界了。那时的李邕正惹上了一场官司，有个叫柳责力的人犯了法，偏偏李邕又曾送给过此人一匹马。于是便有人把这件事情扯出来，说李邕贿赂柳责力，李邕因此而受到牵连，最后被杖杀。结局很是悲惨。

我有的时候会想，李邕是个极其爱惜人才的文学前辈，不知道在他生命最后的一段日子里，还记不记得那个曾经在他的家里写过"十五嫁王昌"的崔颢，又会不会知道崔颢的诗早已写得"风骨凛然，并驱江鲍"？

我猜想，李邕一定是知道的。

> **朋友圈**
>
> 张又新
> 云雨分飞二十年，当时求梦不曾眠。
> 今来头白重相见，还上襄王玳瑁筵。
>
> 10分钟前
>
> ♡ 白居易，李逢吉，元稹
>
> 李绅：有故事？
> 元稹回复李绅：这下你又有事干了。😂😂
> 李绅回复杜甫：那也得当事人开口才好吧。😂
> 张又新回复李绅：还望李大人成全。🙏🙏🙏
> 李绅：谁能告诉我，为什么总是我？😂😂😂

　　李绅至今还记得，很多年以前，他请诗人刘禹锡吃饭。
　　哪里想到这个刘禹锡啊，吃了他的，喝了他的，最后还看上了他家里的一个歌伎。
　　怎么办呢？
　　李绅只好成人之美，把这个歌伎送给了刘禹锡。谁叫大家都是诗坛上的好哥们儿呢？
　　可是这才过了多久，就又有一个诗人看上他们家歌伎了。此人还发了条朋友圈高调宣示了这场爱情，搞得整个诗坛都轰动了。
　　李绅真是越想越不明白，满世界那么多的歌伎，这些人咋就只看上他们家的呢？
　　原因可能只有一个吧，谁叫他们家的歌伎个个都才貌出众呢？

以德报怨，却被黑了许多年——李绅与张又新

◎ **当学霸选错了Team**

李绅至今都记得，当年大诗人刘禹锡那一双眼睛直勾勾盯着他们家歌伎时的样子，看入迷了。

那个时候的刘禹锡刚刚从京城长安被贬到苏州来做官，正好李绅也在他乡遇故知，李绅便对刘禹锡格外照顾。他请刘禹锡吃饭，还特意安排了一位歌伎来助兴。谁知酒过三巡菜过五味，刘禹锡和这位歌伎竟然眉目传情起来了。

这一切全都被李绅看在了眼里，他一想，既然是两情相悦的事情，不如就成全了他们吧。于是当场便把这个歌伎送给刘禹锡了。因为这件事情，刘禹锡还给李绅写过一首诗：

> 高髻云鬟宫样妆，
> 春风一曲杜韦娘。
> 司空见惯浑闲事，
> 断尽苏州刺史肠。

不想多年以后，这样的事情又一次发生了。

一切都好像是老戏新唱似的，这一次，也是李绅请一位诗人吃饭，这位诗人名叫张又新。席间，李绅也安排了一位歌伎出来唱歌助兴，谁知道张又新一见这位歌伎立即傻眼了。原来她竟然是张又新二十年前爱过的一位姑娘。

旧情人相逢，情深意浓。

只是岁月让他们此时都已不再是年轻时的模样，只有当年的那一份感情并未随着时间老去，虽然相隔了二十年，却依然铭刻在两个人的心里。四目相视的那一刻，一切都恍然回到了从前。

欲说，不能说。不能说，又想说。

于是，张又新拿起一只木盘，在上面写了一首情诗递给了歌伎：

> 云雨分飞二十年，
> 当时求梦不曾眠。
> 今来头白重相见，
> 还上襄王玳瑁筵。

张又新这首诗表达的是，他从未忘记过他和这位歌伎当年的那段情谊，只是命运弄人，让他们分开了整整二十年，不想如今竟然在此相遇，但却已是人到中年。

歌伎读了以后十分感动，她低眉信手，当场就把这首诗演唱了出来。李绅一听，这里面有故事啊。再看那二位，他们在深情地凝望着彼此，好像整个世界都消失一般，只留下他们两个人。

看到这样的情景，李绅暗笑，自己似乎又得当一回月老了。就是不知道这个张又新的人品靠不靠得住呢？

张又新是李绅的老相识，想当年，他也是名满京城的大才子，在科举场上曾经有过连考三回，三回都是第一的好成绩。

第一次是他参加了一场博学宏词科的考试，高中状元。状元，在当时又叫作"状头"。

第二次是他参加长安的地方级考试，考了个第一名。这种地方级的考试第一名叫作"解元"，也叫"解头"。

第三次考试是他参加科举考试，又考了个状头。

所以这三个"头"考下来，张又新便有了一个外号"张三头"，他属于典型的学霸级人物。

不过张又新这个学霸有个很特殊的爱好——很喜欢大美女。他自己就曾直言不讳地说他这辈子娶老婆一定要娶个漂亮的。在一次和好朋友杨虞卿的聊天中，张又新就曾明确地表示过他的择偶标准：

> 我少年擅美名，意不欲仕宦，惟得美妻，平生足矣。

这话的意思是说，他张又新这辈子当不当官无所谓，但娶老婆一定要娶个好看的。

杨虞卿一听他这话，笑了，拍着胸脯给他说："这事儿包在我身上了，正好我有个女儿，长得国色天香，许给你得了。"

杨虞卿向张又新保证自己的女儿美若天仙。可谁知道，洞房花烛夜，当张又新满心欢喜地掀了盖头的那一刻，他吓坏了。哪儿来的美女，这个新娘子丑得有点雷人啊。

据说，张又新的《牡丹》诗就是这个时候写下的：

> 牡丹一朵值千金，
> 将谓从来色最深。
> 今日满栏开似雪，

> 一生辜负看花心。

一心想娶个牡丹花一样好看的美人回来，结果却娶了个丑女。张又新忍了。

因为这个新娘子的爸爸杨虞卿此时正在朝里当官，张又新做了他们家的乘龙快婿，离他飞黄腾达的日子也就不远了。

别看张又新给杨虞卿说什么"我少年擅美名，意不欲仕宦"，听上去好像他有多淡泊名利似的，其实都是说一套做一套的。为了仕途，别说是牺牲了爱情，就是牺牲了人品，他也是在所不惜。

那时的大唐，在经历了安史之乱以后，往日的盛世繁华早已一去不返，大唐诗坛也在以李杜为首的几位大诗人纷纷离世之后，开始陷入了一个空档期。但张又新正好赶上了大唐文化的又一次繁荣昌盛，李绅、白居易和元稹在搞新乐府运动，韩愈、柳宗元在搞古文运动。作为学霸级的人物张又新，无论跟着这两个文学流派中的哪一个，都有可能会发挥他的聪明才智与文学特长，因为他是"张三头"啊。

意外的是，他没有这样做。无论是李绅、元稹、白居易，还是韩愈、柳宗元，他都没有选，偏偏投靠了一个叫李逢吉的人。

关于李逢吉，有个流传很广的故事，说的是有一天，李绅跟着这位李逢吉在郊外散步，他们看到农夫在田里十分辛苦耕种的样子，李绅突然有感，写下了非常有名的《悯农》诗。

李逢吉听了以后，嘴上说着好，可背过李绅，马上跑到皇帝那儿去告黑状，说李绅这诗是在挖苦皇帝不懂得体恤民情，是骂皇帝呢。

谁知皇帝读了这诗却大受感动，因此重用了李绅。

当然这只是一个传说故事，但从这个故事却不难听出来，李逢吉这个人的口碑确实不怎么样。

◎ 翻云覆雨，命运总是喜欢捉弄人

当年的长安城里，有一个著名的"八关十六子"，指的是以宰相李逢吉为中心的政治小团体，一共十六个人，张又新居其一。

据说在当时的长安城里，谁要想办成一件事情，那就必须得先贿赂这些人。可是，如果谁要是跟这些人作对的话，那基本上在长安城里也就没有活路了。

因为这些人的背后，站着宰相李逢吉。

那时，正是大唐历史上著名的"牛李党争"刚刚上演的时候。

"牛李党争"，指的是两个政治派系之间没完没了的斗争。

其中，李党的代表人物名叫李德裕。李德裕还有两个好朋友，一个是大诗人元稹，还有一个就是李绅。在唐穆宗时期这三位在文学界赫赫有名的人物，不仅诗文写得好，而且政治才能也非常了得。他们三个围绕在穆宗的身边，形成了一个政治男团叫"三俊"。

"三俊"很受唐穆宗的重用，这让有些人的心里很不舒服。

比如李逢吉。如果"三俊"一直被重用，他这宰相的位子岂不是不稳了吗？

于是，李逢吉便想排挤掉"三俊"，他先找了个理由把元稹的官罢免了，紧接着又找了个借口把李德裕调离了京城。

现在，只剩下"三俊"之一的李绅了。

李绅是个不太好对付的角色，此人性格刚烈，是个火暴脾气。于是李逢吉就想到了一个以硬碰硬的办法，他找来和李绅一样火暴脾气的韩愈来对付李绅，这下两个才华出众而又性格刚直的文化人就此双双中招。

李逢吉先安排李绅做了御史中丞，是个中央官员。然后又安排韩愈做京兆尹，相当于长安市的市长，属于地方官。按照唐朝官场上的规矩，韩愈这个京兆尹的地方官每天在上朝以前必须先去参拜李绅这个中央官员。

为了制造他们之间的矛盾，李逢吉又让韩愈兼了个御史大夫的虚职，也是个中央官员，而且级别还在李绅的御史中丞之上。

所以，韩愈就觉得他没有必要去拜李绅了。

但李绅可不这么想。

李绅认为，你韩愈正经的职务就是个京兆尹，御史大夫是兼职，所以你就得来拜我，你不来，你就是失礼。

于是两个倔文人之间就这样开始了一场公说公有理、婆说婆有理的"台参之争"，争得正热闹的时候，该李逢吉出场了，把两个人各打五十大板，全都贬出京城了。

李绅一走，穆宗皇帝有点受不了了，男团"三俊"已被赶走了俩，他再不能失去李绅了。于是，穆宗又把李绅调了回来。可是没过多久的时间，穆宗就去世了，他的儿子敬宗即位。李逢吉趁着这个机会，又开始给李绅设套儿了。

他找人整了李绅的很多黑材料，在新皇帝那儿告李绅的黑状，说当年穆宗想要立敬宗做继承人的时候，李绅曾极力反对过。

这下敬宗不乐意了，那摆明了李绅就是他的敌对势力啊。于是，一道圣旨下来，就把李绅给贬到端州去了。

李绅被贬以后，有很多巴结李逢吉的官员都去给他道贺。可是当他们走到大门口的时候，全都被拦了下来。李逢吉的家仆说，李逢吉正在和张又新密谈，不许任何人打扰。

这些人在大门外等了好长的时间，终于等到张又新出来了。他冲大家呵呵一笑，拱手说道："关于李绅被贬到端州这件事情的功劳，那我就不推辞了吧。"

由此可见，把李绅扳倒这件事情张又新当居首功，估计整李绅的黑材料，大部分都是他干的。

有句话说，"别看今天闹得欢，就怕明天拉清单"。意思是奉劝那些整人的人少做些缺德的事吧，风水轮流转，一报还一报。

果然，敬宗皇帝在一次整理档案的过程中，发现了当年李绅等人给他爸爸穆宗皇帝的奏折，上面清清楚楚地写着一条建议，是让穆宗立他做继承人的。

敬宗一看，恍然大悟，原来自己把李绅冤枉了。

于是李绅官复原职，这下可轮到李逢吉倒霉了，他被免去宰相一职，至于他的党羽们也全都被贬了官，其中自然包括了给李绅整黑材料的张又新。

张又新的倒霉日子自此开始，先是一路被贬，紧接着在一次搬家的过程中，两个儿子又被大水淹死了。正在他走投无路的时候，他听说李绅来淮南做官了，而他那个时候好正好客居在淮南。

张又新害怕了，想起了自己当年整李绅的事情，不由得后脊梁一阵发凉，他心想李绅不会打击报复他吧？

◎ 当李绅遭遇网络暴力

关于李绅,大部分人都是通过他的《悯农》诗而记住他的:

> 春种一粒粟,秋收万颗子。
> 四海无闲田,农夫犹饿死。
>
> 锄禾日当午,汗滴禾下土。
> 谁知盘中餐,粒粒皆辛苦。

当我们还在上学的时候,老师就教我们念这两首诗,那时候我们会觉得,这两首诗的作者一定是一位像杜甫一样关心百姓疾苦的诗人,因为我们从他的诗里,确实读到了他对劳动人民的同情与关怀。

但近些年,似乎黑李绅的文章越来越多了。说他写诗是一个样子,当官又是一个样子,其中的一个例证,便是他送刘禹锡歌伎那档子事儿。原来这个当年同情过农民的诗人,后来当了官以后家里还养歌伎,这究竟是一种怎样的官僚作风呢?

但其实在唐宋时期家里蓄伎是件很平常的事情。别人都不说,就拿和李绅同时代的白居易举个例子:

> 樱桃樊素口,杨柳小蛮腰。

这里有着樱桃小口的樊素和有着杨柳细腰的小蛮,都是白居易家里的歌伎。但这并不妨碍白居易写出了《卖炭翁》这样揭露底层人民生活困苦的文学作品。这要是现在，一位作家的家里还养着好多年轻漂亮的女孩子，那肯定是件道德败坏的事情。但在一千多年以前的唐朝却再正常不过了。在当时，这些女孩子像商品一样地存在于城市生活里，她们被随意地买卖，或是被当作礼物来回赠送，还真是件"司空见惯"的事情——那时候的女性没有人格自觉，那个社会也没有男女平等这样的时代意识，他们与现代社会的距离不仅仅只是时空上的，更有意识层面的。

所以就又有人搬出了李绅的另一些段子，说他当年还没有发达以前，住在一位亲戚家里，他把这位亲戚整天叔长叔短地叫着。后来李绅发达了，就不管这位亲戚叫叔了，反过来让这位亲戚管他叫叔，甚至叫爷爷。又有人说李绅因为一个姓崔的故人到京城来办事，但没有及时拜见他便恼羞成怒，杖责了这位崔姓故人二十大板。

这便是李绅"宗叔翻为孙子，故人忽作流囚"的段子，说起来，他简直就是一个薄情寡义的小人形象嘛。

那么真实的李绅究竟是个什么样的人呢？

据说他年轻的时候给镇海军节度使李锜做秘书，这个李锜想造反，结果被朝廷察觉了，便安排李锜手下一个叫王澹的人来接替李锜的工作，而让李锜立即回长安做述职报告。

李锜的心里明白，他只要回了长安便是死路一条。于是一不做二不休，他杀了王澹，然后给朝廷上份奏章，诬陷说其实要造反的是王澹。

这份奏章，他决定让李绅来写。

李绅坐在李锜的面前，假装被吓得浑身发抖，一双手说什么也握不住笔。李锜一看急了，拿一把刀架在李绅的脖子上逼着李绅写。可李绅说写不了就是写不了，他在纸上胡乱地画着给李锜看："你自己看嘛，你就是杀了我，我还是写不了。"

李锜一气之下，就把李绅丢进了监狱里。直到李锜被朝廷剿灭，李绅才被救出来。当时有人要写文章宣传他的事迹，李绅摆了摆手，他只说了八个字就把这场宣传活动回绝了：

> 本激于义，非市名也。

李绅的意思是说，他这样做只不过是出于道义，并不是为了出名的。

还有一件事情也很能证明李绅的为人。

李绅在京城当了官以后，他们老家有个亲戚跑来找他，想让他给走走后门混个一官半职的。但李绅觉得他的这位亲戚人品不好，并不适合当官，便没有答应。结果这位亲戚一气之下就去投奔李逢吉了，后来没少给李绅整黑材料。

而最能说明李绅人品的，大概就要算他和张又新的这一段故事了。这段故事记录在《太平广记》的"器量"篇里，用来说明李绅的胸怀与气度，真是再合适不过了。

张又新客居在淮南，他生怕李绅来找他翻旧账，于是就主动写了封道歉信，先是为当年陷害过李绅的事情深深地懊悔了一番，然后又说自己现在官也丢了，儿子也死了，已经受到惩罚了。

他想请求李绅的原谅。

李绅接到信以后，对张又新的遭遇深感同情。不管怎么说，这

也是当年的"张三头"啊,又都在文化圈子里混了那么些年,也算是故交。于是马上提笔给张又新回信:

> 端溪不让之词,愚罔怀怨。
> 荆浦沈沧之祸,鄙实悯然。
> 既厚遇之,殊不屑意。

李绅这段话的意思是说:"当年被贬到端州的那件事情,我自己都忘了,你也不要挂在心上了。对于你失去了两个爱子的事情,我深表同情,希望你也不要太难过。既然如今我们又遇到了一起,如果你不嫌弃,我们还是好朋友。"

李绅不仅没有记恨张又新当年整他黑材料的事情,而且和张又新重归于好。他在生活上接济张又新,还经常请张又新到家里来吃饭,两个人把酒言欢,吟诗作对,往来很是频繁。也正因为如此,张又新才有机会在李绅的家里遇到了他二十年前的旧爱——那位正在李绅家里做歌伎的女子。

李绅当然乐得再做一次月老了,于是就把这位歌伎送给了张又新。

假如说,当张又新从李绅的家里抱得美人归的时候,正好听到了有人在传李绅"宗叔翻为孙子,故人忽作流囚"的段子,不知道张又新会有什么反应呢?

我猜,他一定会放下美人,大声地呵斥着:"他是清白的。谣言害人啊。"

> **朋友圈**
>
> 薛涛
> 正如鱼儿离水，燕儿离巢，
> 这条去往松州的路上，
> 有点凄凉。😭
>
> 5分钟前
>
> ♡ 韦正贯，元结，李季兰
>
> 韦正贯：要不要找我叔说个软话，这事儿或许就过去了。
>
> 薛涛回复韦正贯：不了，我正好想趁此机会清静清静。😌
>
> 韦皋 回复薛涛：你是得好好清静清静了。

薛涛的心里咯噔一下，她想，这回自己彻底完了。

其实她早就知道她错了。

所以她发了条朋友圈，想借此给领导示个弱，谁知领导居然压根就没接她这茬儿。

赌了一口气，薛涛啥也不说了。不就是去松州慰边吗？有什么了不起？那么多人都去得，怎么她薛涛就去不得呢？

可话虽然这么说，薛涛的心里还是觉得很委屈——领导平时对自己不是挺好的吗？怎么说变脸就变脸呢？

难道说，男人的心，也是海底针吗？

郎心难得，所以宁可对爱缄默——薛涛、韦皋与元稹

◎ **薛涛的"翻车案"**

薛涛的领导名叫韦皋，要说起来，他还算得上是薛涛的大恩人呢。

那年，薛涛还是个十四五岁的小姑娘，不过早已声名远扬。走在成都的街头随便打听一下，几乎没有人不知道这个小姑娘不仅人长得漂亮，而且诗还写得特别好。

所以，当韦皋到成都来做剑南节度使的时候，他很快就听说了薛涛的大名。韦皋一开始并不相信，他心想："一个小丫头片子能有多少的才华？"

他只相信眼见为实。

于是，在一次官方举办的沙龙聚会上，薛涛也来了，她写了首诗，惊艳了全场：

> 乱猿啼处访高唐，路入烟霞草木香。
> 山色未能忘宋玉，水声犹是哭襄王。
> 朝朝夜夜阳台下，为雨为云楚国亡。
> 惆怅庙前多少柳，春来空斗画眉长。

薛涛的这首《谒巫山庙》让韦皋相信了她果然是名不虚传的，他开始喜欢上了这个年纪不大，但诗却写得极好的小姑娘。韦皋坐在她的身边，和她聊了起来：

你家住哪儿啊？

家里几口人啊？

爸妈都是做什么工作的？

这一聊，可把薛涛的伤心事给聊出来了。原来薛涛的家里情况并不好，她的爸爸在她很小的时候就去世了，留下她和妈妈生活在一起，日子过得很辛苦。

为了讨生活，薛涛不得不入了"乐籍"。

"乐籍"里的女孩子主要的工作就是编排歌曲舞蹈，在朝廷举行大型活动的时候，由她们来演出助兴。

在当时，这些唱歌跳舞的女孩子叫作"伎"。

但这个"伎"与我们今天理解的那些出卖肉体与色相的"妓"在性质上完全不同，"伎"是一群歌舞表演艺人。可是在唐朝，加入这个职业的女孩子要么是罪犯的家属，要么是俘虏的亲眷，社会地位很低，很少被人瞧得起。

而薛涛干的，正是这样的一份工作。

但她遇到了韦皋，她的好运气就来了。

薛涛很聪明，诗又写得好，长得还漂亮，韦皋很是喜欢她，经常把她带在身边，有的时候还让她处理一些文案上的工作。一来二去，薛涛在韦皋的身边就不再像是个歌舞艺人，倒更像是个女秘书了。

"要不，我向朝廷申请，让你当我的女秘书得了。"韦皋有一天突然心血来潮，给薛涛许了个承诺。

他要给薛涛申请的这个秘书岗位，在唐朝叫作"校书"，有点儿像我们今天的文字编辑，负责校对政府部门的往来文书。

能给韦皋做校书，薛涛当然很高兴了。她从此可以脱了乐籍，改变低人一等的身份，像正常人一样地生活。可是当韦皋在一次会议中把他的这个想法提出来的时候，却有很多人持反对意见——薛涛是乐伎，可校书怎么说也是个朝廷的正式编制，这种工作调动没有办法实现。

所以，这事儿只能黄了。

但无名有实，虽然缺了张任命书，薛涛依然是韦长官身边不离左右的红人，韦皋很是宠爱她。

或许这一份宠爱让薛涛忘记了自己真实的身份，她有些忘乎所以了。在《全唐诗》里讲了这么一件小事：

> 涛因醉争令掷注子，误伤相公犹子去幕。

这段话的意思是说，薛涛在一次酒会上跟韦皋的侄子起了争执，竟然拿酒器弄伤了韦皋的侄子。这件事情让韦皋很不开心，所以他就把薛涛赶走了。

薛涛会跟韦皋的侄子起争执，还弄伤了韦皋的侄子，这或许是有一些恃宠而骄。可就是这样的一件小事，至于令韦皋发那么大的火，还把薛涛赶走吗？

这件事情充其量不过是个导火索，真正令韦皋恼火的，其实另有原因：

> 唐衔命使臣每到蜀，求见涛者甚众。
> 而涛性亦狂逸，遗金帛往往受之。

因为薛涛在韦皋的身边十分受宠,所以一些朝廷官员来了四川,都会去拜访薛涛,他们送给薛涛的金银器物,薛涛来者不拒。

这些事情传到韦皋的耳朵里,韦皋的心里不爽快了,第一是因为薛涛太不知轻重,胡乱收受礼物;第二是因为薛涛太不把韦皋当回事儿,背着他和这些男人来来往往。

于是韦皋一怒之下,借着薛涛弄伤自己侄子这点儿小事,就把她发配到边疆去了。

薛涛作为政府培养出来的一名官伎,她有去给驻守在边防的官兵们演出的职责。可边地的苦,又哪儿是一个二十出头的小姑娘可以忍受得了的?

薛涛是真的后悔了,她开始一遍一遍地给韦长官写检讨:

> 闻道边城苦,今来到始知。
> 羞将门下曲,唱与陇头儿。
>
> 黠虏犹违命,烽烟直北愁。
> 却教严谴妾,不敢向松州。

这是薛涛的《罚赴边有怀上韦令公二首》,她想告诉韦皋,边地实在是太苦了,不应该给她这样的惩罚啊。但这个检讨好像没有起到什么作用,所以紧接着,薛涛又一次向韦皋低头了:

> 出入朱门未忍抛,主人常爱语交交。

衔泥秽污珊瑚枕，不得梁间更垒巢。

她继续给韦皋写诗，说有那么一只小燕子，以前一直被养在朱门大院里，主人经常会跟她说一些悄悄话，那时的情景多么温馨甜蜜啊。可是现在呢，她都不知道去哪儿寻找一个温暖的家了。

薛涛用一只离巢的燕子来比喻她离开了韦皋以后居无定所的生活，言语之间充满了无尽的卑微。像这样的诗，她一共给韦皋写了十首，合称《十离诗》，有燕离巢，有犬离主，有笔离手，有马离厩，有鹦鹉离笼，有鹰离韝，有鱼离池，有竹离亭，有镜离台，有珠离掌。

虽然写了这么多，但总结一句话，就是她离不开韦皋，一旦离开了，她的日子一天也过不下去了。

实话实说，这一组《十离诗》薛涛写得太没有尊严了，但韦皋读了却满是喜欢，大笔一挥，写了份调令，薛涛又回成都了。

但，经历了这一场的边地之行以后，薛涛再也不是过去的那个她了。或许她是真的看清楚了，自己在韦皋的心里，大概真的就是一只养在笼里的鸟儿，自己的去与留，全凭他高兴。

所以从此以后，薛涛不再参与韦皋的任何公开活动，关于这个人，她更是一个字也不愿意提。对于一个男人的翻手为云覆手为雨，曾经让她措手不及，如今让她心灰意懒。所以她把自己藏了起来，藏在成都最美的浣花里。她门前种的菖蒲花开了又谢，谢了又开，转眼便是十来年。

常有来自各地的诗人打这里经过，看到这一片菖蒲长得已是繁茂如锦的样子，便会想起这里住着一位曾经红遍成都的女诗人。于是，他们会忍不住停下脚步，在这里流连张望，或者叩门小饮一杯。

这一天，从长安道上又来了位诗人。他在浣花里徘徊了很久，望着那一片菖蒲，他说，他是专为薛涛而来的。

◎ 曾经沧海，也未必真的难为水

来看薛涛的，便是大名鼎鼎的元稹，元大诗人。

提起元稹，总有人说，这是位用情十分专一的男人，因为他给他老婆写了一首最为深情的诗：

> 曾经沧海难为水，除却巫山不是云。
> 取次花丛懒回顾，半缘修道半缘君。

这诗的意思是说，他已见过了这世间最好的女子，所以，自此以后天下所有的女人从他的眼前经过，他连看都没有看的兴趣了。

读了这样的诗，我们会觉得，元稹的老婆好幸福啊，她究竟是一位怎样的女子，才能获得诗人如此深情的爱？

她的名字叫韦丛。

那一年的元稹二十五岁，刚刚在长安科举中第，正是意气风发的时候。韦丛的爸爸，前任京兆尹韦夏卿一眼相中了这个年轻人，打算让元稹做他们家的乘龙快婿。

这对元稹来说，简直就是天上掉馅饼的大好事啊。

说起来，元稹可真是个苦孩子。他八岁的时候爸爸就去世了，留下元稹兄弟姐妹六个，他的妈妈实在是养不活，只好带着他们投奔了舅舅家。

元稹从小寄人篱下，日子过得很不宽裕。那时他正是读书的年纪，看见别的小朋友背着书包坐进了课堂里，跑回家就对妈妈说，他也想上学。

可是他的妈妈哪儿有钱给他交学费呢？元稹小时候是没有上过学的，他的启蒙老师就是他的妈妈。

因此元稹是受过穷的，他深知贫苦的滋味。现在，原长安市市长突然站在了他的面前，对他说想要他做他们家的女婿，从此可以荣华富贵。

元稹一听，马上答应了。就这样，元稹做了韦家的女婿。

婚后的某一天，元稹在街上闲逛，突然遇到了一位年轻的女子，两个人四目相对的那一刻，元稹脑袋"嗡"的一声，他当时就傻了。这女子不是别人，正是元稹的前女友。

元稹和韦丛结婚以前是谈过恋爱的，而且两个人当时的感情还特别好，姑娘送元稹上京城赶考的时候，心里大约还在做着一个状元夫人的梦呢。谁知情郎一去，真的"还将旧时意，怜取眼前人"了，元稹把他的这位前女友给忘了。

当前女友出现在元稹眼前的时候，往事并不如烟，历历在目，一桩桩一件件地又回到元稹的心里。但这些前尘往事并没有为他的前女友找回元稹对她的爱情，反倒是激发了元稹的文学创作欲。所以，一篇传世名作就此诞生——即元稹的自传体小说《莺莺传》。

《莺莺传》经过了几代戏剧家的不断再创作，最后被改编成了著名的《西厢记》。在这出戏里，后世的剧作家们实在不是忍心这位叫作莺莺的女孩子被人"始乱之，终弃之"，所以给了她一个美满的结局,让她的心上人不仅考中了状元,而且还娶了她。

但事实上,这个故事的原型——元稹的前女友可没有那么幸运,她不仅被元稹抛弃了,而且元稹的话还说得很难听:

> "大凡天之所命尤物也,不妖其身,必妖于人。使崔氏子遇合富贵,乘宠娇,不为云、为雨,则为蛟、为螭,吾不知其变化矣。昔殷之辛,周之幽,据百万之国,其势甚厚。然而一女子败之。溃其众,屠其身,至今为天下僇笑。予之德不足以胜妖孽,是用忍情。"

元稹的意思是说,好看的女孩子生来就是祸害男人的。商周那么强盛的时代,最后不都毁在了漂亮女人的手里吗?他可不想被一个女人给坑害了,所以还是忍痛了结了这段感情吧。

元稹不仅用《莺莺传》为他的文学事业大赚了一笔,还凭着这篇自传体小说,在他的那个时代成功地塑造了一位道德君子的光辉形象。

有人问过我一个问题,元稹当年到底有没有真心地爱过他的这位初恋女友呢?

我想,他当时可能是真爱过的。可是一遇到韦丛这位官家小姐,他就把什么都忘了。

不过韦丛确实是个好女人,她也确实值得爱。

后来元稹被贬出京城,韦丛依然心甘情愿地跟随着他。那段时间他们的日子过得相当艰苦,元稹想喝酒,可是家里没有钱,韦丛拔了头上的簪子给他换酒喝;他们的日子穷得都快没有米下锅了,韦丛就跑到林子里去摘些野果子回来给元稹充饥。这些都令元稹非常地感动,所以,韦丛死了以后,元稹给韦丛写了很多的诗,而其中有一句最脍炙人口的是:

> 诚知此恨人人有,贫贱夫妻百事哀。

这是如今流传很广的一句诗,几乎成为丈母娘嫌弃穷女婿的口头禅了,她们总是用这句话来劝女儿:"贫贱夫妻百事哀,穷夫妻不好过日子的。"

但元稹这诗真实的意思是说,虽然他明知道夫妻分离是早晚的事情,但是回想起与她患难与共的那些日子,还是会悲从中起。

这其实是一句元稹感怀妻子的诗。而最能表达元稹深情的,还属那一句"曾经沧海难为水,除却巫山不是云"。

此诗一出,感觉除了韦丛,元稹此生对别的女人看都不会再看一眼了。

可是事实上呢?

韦丛死了没两年,一个叫安仙嫔的女人出现了,此后,元稹再也不给韦丛写诗了。没过几年,才女裴淑又出现了,元稹的爱情之花又一次盛开,他和裴淑一来一往,深情都包含在他们的诗里。

元稹写"嫁得浮云婿,相随即是家",裴淑就回"黄莺迁古木,朱履从清尘";元稹问"我有主恩羞未报,君于此外更何求",裴淑就答"不是悲殊命,唯愁别近亲"。

全然又是一片情深意切的样子。

所以恐怕连元稹自己也说不清,在他的这些感情经历里,到底哪一段是真的。

或许全都是真的。

无论是对初恋女友，对韦丛，还是对裴淑，元稹都是真心的。这世上有这样的一种人，他的每一次情感付出都是极为认真的，认真到就连他自己都相信，除了眼前这个人，他再也不会爱别人了。可是，当另外一个人出现在他的生命里，被他爱得死去活来的时候，他又会说，原来他这一次才是找到了真爱，以前的那些都不算。

所以，如果说元稹真的遇到了薛涛，而且还被薛涛的才气吸引了的话，他很有可能产生这样的感觉，他以为自己又要恋爱了。

◎ 除了诗，不要和姐谈感情

按时间来算，元稹遇到薛涛的时候，韦丛还没有死。但当他听说了成都有位才貌双全的女诗人时，便有些按捺不住了。后来他正好有个机会要去四川出差，于是便托成都的地方官严授给薛涛捎了个话：长安来了位青年才俊，想和她切磋文学。

此时的元稹，刚满三十，正是风华正茂的时候。但此时的薛涛年过四十，已是中年。

据说成都这一见，两个人就有了相见恨晚的感觉。很快，心灰意冷多年的薛涛，就被元稹的情浓意浓挑拨得不能自已，很快便陷入了爱河。

可是元稹是来出差的，他在成都的时间并不长，跟薛涛蜻蜓点水一般的爱情像幽幽长空里划过的一颗流星，转瞬即逝。虽然元稹也曾深情款款地为薛涛写过"别后相思隔烟水，菖蒲花发五云高"

的情诗，但他的心最后还是落在了别的女人那里。

至于薛涛呢？

虽然她一生都想找一位可以与她同心相连、双栖双飞的人，然而终究还是寂寞终老了。

这段大唐诗坛的艳情史，被晚唐一个叫作范摅的人写进了一本《云溪友议》的笔记体小说里，这应该是元稹和薛涛这段爱情最原始的版本，后世关于他们的传说，基本上都是从这本笔记体小说里来的。

> 安人元相国应制科之选，历天禄畿尉。则闻西蜀乐籍有薛涛者，能篇咏，饶词辩，常悄悒于怀抱也。及为监察，求使剑门以御史，推鞫难得见焉。即就除拾遗，府公严司空绶知微之之欲，每遣薛氏往焉。临途诀别，不敢挈行。

但也有人说，这段故事纯粹就是小说家虚构的。还有人说，这里的"安人元相国"指的是比元稹早了几十年的元载，这两个人物是被小说家张冠李戴了。

但无论是元稹还是元载，我都希望这段故事从不曾发生过。

> 双栖绿池上，朝暮共飞还。
> 更忆将雏日，同心莲叶间。

这是薛涛向往的爱情的模样，双宿双飞，同心相连。既然他们对于她，从来都不曾想要长久过，那么还是不要来打搅她了。《十离诗》与韦皋，已经让女诗人的心伤透了，所以她把自己藏在了浣花里。那些从浣花里流淌出来的粉红色的诗笺，是她与这个世界唯一的交流。纵然有男子循着这诗笺的芬芳找上门来，他们见到的，依然是位机警闲捷、不落俗套的女诗人。

至于爱情，还是免谈吧。

> **朋友圈**

白居易
一恸之后，万感交怀，
无以寄悲情，无以寄悲情啊。😭😭😭

17分钟前

♡ 李绅，韩愈，柳宗元，张籍

李德裕：前几天他找我借过一把琴，那时人还好好的，怎么说没有就没有了呢？

刘禹锡："如何赠琴日，已是绝弦时"啊，哭微之。😭

白居易：他也许早有预感，去年秋天来信非让我给他写墓志铭。如果当时我不写，他现在会不会还活着。微之，微之啊。😭😭😭

  白居易早上的一条朋友圈动态，让整个大唐诗坛陷入了一片悲伤之中——元稹去世了。

  白居易一直都不愿意相信这是真的。

  他至今还记得他和元稹最后一次见面时的样子，那天，元稹从越州回长安途经洛阳，正好遇到白居易，白居易当时还说过"且喜筋骸俱健在，勿嫌须鬓各皤然"的话，庆幸他们虽然都是一把年纪的人了，好在身体还都算硬朗。

  可谁知这才不到两年的时间，元稹就走了。

  如今，满朋友圈都是悼念元稹的文章，但此时的白居易却一个字也写不出来。

  欲诉无言，欲哭无泪。

  只有往事，一幕幕地浮现在眼前……

死生之契，与你爱如兄弟——白居易与元稹

◎ 因为有你，时光才显得如此美丽

公元803年，白居易三十二岁，元稹二十五岁。

这一年对于这两位年轻人来说，注定是不平凡的。因为他们在这一年同时参加了由吏部主持的一场官员选拔考试，而且两个人都考中了。

说到这里，想起了前几天有人问我的一个问题，既然是白居易和元稹一起参加的考试，元稹又小了白居易好几岁，为什么白居易考中了以后，会跑到慈恩寺里写下了"慈恩塔下题名处，十七人中最少年"的句子呢？

答案在于这是两场完全不同的考试，一场考试在礼部，负责把优秀的人才选拔上来，比如进士及第。白居易当年"十七人中最少年"考中的那一次，正是礼部的进士科。

但这些及第的进士想要当官，还得再通过一场吏部的考试。吏部是一个管理官员的部门，只有通过了这场考试，考生才能脱下老百姓的衣服，从此走向官场，这叫作"释褐"。"褐"指的是老百姓穿的粗布衣服。

白居易中进士那年二十九岁，而元稹曾在十六岁时就考中过明经。

明经跟进士都属于礼部的考试科目，只是明经像现在的职业技术学校，比较好考；而考进士的难度就大多了，像考研。所以才有句话说"三十老明经，五十少进士"，意思是三十岁考上了明经就

已经算是年岁很大了,可五十岁中了进士还很年轻呢,有好多人考了一辈子,六七十岁才考中,说明考明经比考进士容易太多了。

后来白进士和元明经在长安相遇,是因为他们都来参加一场由吏部举办的官员选拔考试。总之后来两个人都通过了这场考试,又都分在了秘书省做校书郎。从此他们一起上班,一起下班,闲来无事的时候就互相写诗赠答,此时的他们正如白居易说的那样:

> 身名同日授,心事一言知。
> 肺腑都无隔,形骸两不羁。

两个人已经好到无话不说、形影不离的地步了。既然如此,不如结为兄弟。所以打从这个时候起,白居易就跟元稹定下了金石之交,两个人成为比亲兄弟还亲的好朋友了。

这可能是他们这一生最快乐的一段时光,初入职场,两个人虽然人微言轻,但因为有了一个可以交心的好伙伴,再枯燥的工作都觉得很开心。所以,元稹给白居易写诗说:

> 等闲相见销长日,也有闲时更学琴。

元稹说:"老白如果你空闲的时候我们就聚会聊天,但如果你忙得顾不上我了,我也可以自己弹琴打发时间的。"不过,好像元稹独自打发时间的机会并不多,因为他们两个人几乎是天天都待在一起的:

> 有月多同赏,无杯不共持。秋风拂琴匣,夜雪卷书帷。

> 高上慈恩塔，幽寻皇子陂。唐昌玉蕊会，崇敬牡丹期。

只要有月亮的夜晚，他们就一同赏月；只要有一杯好酒，两个人都要一同分享；秋天的风，听过他们合奏的琴声；冬夜的雪，见过他们一起读书的身影；晴好的天气里，他们携手探寻名胜古迹；春来的日子，他们又结伴看过长安城里遍开的牡丹。

这真是一段难忘的时光啊，像白居易的诗里说的那样：

> 度日曾无闷，通宵靡不为。双声联律句，八面对宫棋。

两个人一起写诗下棋，天真烂漫得好像什么烦恼都没有了。只是这样的好日子只过了短短的两年时间，白居易和元稹的命运开始发生改变了。

公元805年，白居易得到了一个消息，朝廷要举行一次制举考试，所以他立即把校书郎的工作辞掉回家复习功课去了。

制举是唐朝选拔官员的另一种考试形式，由政府临时安排，不定期举行。参加考试的可以是读书人，也可以是在职的官员。只要是对现在的工作岗位不满意，想跳槽，或者是想晋升又没有其他渠道的，参加制举考试倒是个名正言顺的好办法。

那段时间，白居易把家从繁华的长乐坊搬到了远离市区的华阳观，那里不仅环境优美，而且清幽安静，很适合读书做学问。

没过多久，元稹就来了，他是来和白居易共进退的。关了屋门，两个人在华阳观里同吃同住，一起研究时事，一起读书备考。两个人在这段时间里共同写下了上百篇的策论，他们这是在押考题，像现在的高考生押高考作文题一样。结果后来考试的时候，还真就用上了其中的好几篇。

所以，两个人都十分顺利地通过了这次考试，只是可惜了那些没有用上的策论文章，那都是他们两个人起五更熬半夜花费了许多心思写出来的。两个人一商量，干脆出本合集吧。

就这样，白居易和元稹的第一本合集诞生了，他们给这本集子取了个名字，叫《策林》。

之后，这对好朋友各自奔赴到了新的工作岗位，自此聚少离多，每次匆匆相逢之后的欢喜还来不及细细地品味，很快就又要为即将到来的别离而忧伤难过了。但时间和空间从来没有改变过他们之间的情谊，相反，好像越是经历了患难与分离，他们之间的感情反倒越是深厚了。

◎ **患难的时候，总有你的温暖给我力量**

公元805年的那次制举以后，白居易和元稹这对好朋友迎来各自不同的人生——白居易去了盩厔做地方官，元稹留在长安做左拾遗。

先来说说元稹的这个左拾遗，这是皇帝身边的一个小官，听这名字就知道，他是专做查遗补漏工作的。皇帝有哪儿考虑得不周全了，这些小拾遗就得赶紧提醒皇帝说："您这儿没做好。"哪个大臣有什么地方做得不合适了，这些小拾遗也得提醒皇帝说："那个谁谁今天干的这件事情有毛病。"

所以这显然就是个不讨人喜欢的差事，不是得罪皇帝，就是得罪大臣。偏偏元稹又是个话特别多的人，今天看这个做得不好，给提条建议；明天看那个做得不对，又给提条意见。时间一长，惹得周围一群人都不高兴，就连宰相都被他得罪了，所以找了个理由就把他贬到河南去了。

元稹刚到河南任上，就接到了妈妈去世的消息，于是他又立即返回长安来处理妈妈的后事。此后三年的时间，元稹一直在为妈妈守孝。这是古人的规矩，父母去世以后，不管当多大的官，都必须休产在家，这叫作"丁忧"，几乎没有多少的收入。所以这段时间的元稹，日子过得相当艰苦。幸亏有白居易多次寄钱给他，安慰他，陪他度过了人生之中最灰暗的一段日子。

三年丁忧之后的元稹好运气来了，他被重新安排了工作，提拔为监察御史，相当于我们现在的纪律监察委员会委员，要经常下基层检查工作。

有一次，元稹下基层回来路过华州，天色已晚，于是他便住进了华州的官方招待所——敷水驿。

敷水驿是个很小的驿站，里面只有一间正厅，作为朝廷的官员，元稹自然是要睡在正厅里的。

夜里，元稹睡得正香，忽然被人吵醒了。他迷迷糊糊地睁开眼睛一看，驿站里又来了一群人，叫叫嚷嚷地让元稹把正厅给他们腾出来。

是谁？如此没有礼貌。

元稹定睛一看，为首的正是皇帝身边的宦官仇士良和刘士元。

中唐以后，宦官是个不得了的群体，他们守在皇帝的身边，权力越来越大，这两人一向不把朝廷官员放在眼里。所以那天晚上，仇士良和刘士元想当然地认为，这个正厅是应该归他们的。

可元稹是朝廷官员,按规定这正厅就应该是他的。

所以,双方在敷水驿争执了起来,结果元稹势单力薄,被对方打得脸上都开了花了。可是这件事情到了皇帝面前,却成了另一个说法:敷水驿事件全都是元稹的错,宦官却一点儿责任都没有。

大家都知道这是宦官们搬弄是非,但满朝上下并没有几个人愿意站出来替元稹说句公道话。

一是因为大家都惧怕宦官的势力,二是元稹干的这个纪律监察委员会的工作得罪了不少的人,这些人都恨着元稹呢。

只有白居易的心里最着急,他给皇帝写了篇《论元稹第三状》来替元稹喊冤:

> 况闻士元蹋破驿门,夺将鞍马,仍索弓箭,吓辱朝官,承前已来,未有此事。今中官有罪,未闻处置;御史无过,却先贬官。
>
> 远近闻知,实损圣德。

白居易说,那天晚上确实是宦官的不是,可是现在他们却啥事儿没有,倒把元稹给处分了。皇帝您做这样的事,实在是有失圣明啊。白居易为了替朋友喊冤,竟然直接敢跟皇帝叫板了。

尽管如此,元稹还是被贬到江陵了。

元稹到江陵的第二年,发生了一件事情让他揪心坏了——白居易的妈妈去世了。之后不久,小女儿金銮子也去世了,白居易经受不了这样的打击,一病不起。贫困交加的日子里,想起小女儿,让

他几乎对人生都绝望了:

> 慈泪随声迸,悲肠遇物牵。故衣犹架上,残药尚头边。
> 送出深村巷,看封小墓田。莫言三里地,此别是终天。

幸亏此时,在遥远的江陵还有一个叫做元稹的好朋友,他总是寄信来,总是寄钱来,总是寄些关心和宽慰来:

> 忧我贫病身,书来唯劝勉。上言少愁苦,下道加餐饭。
> 怜君为谪吏,穷薄家贫褊。三寄衣食资,数盈二十万。

元稹那个时候的日子也不好过,他是被贬到江陵去做一个小地方官的,能有多少的收入呢?他大概是把他的家底全都寄给白居易了吧。

什么叫朋友呢?

我饿了,你也饿了,但我的手里只有一块钱,我可以分给你八毛让你买个烧饼,我花两毛喝碗汤就够了。

因为我只要看到你不再饿肚子,我就很宽心了。

元稹和白居易,就是这样的一对好朋友。他们的友谊并不只是花前月下的风流快活,也不只是闲来无事的时候寄几句小诗解闷消遣。

他们都是将彼此刻进生命里的那个人,时时想念,事事挂念。有人说,白居易和元稹之间的互赠诗加起来有好几百首,纵观整个大唐,没有哪一对诗人还能像他们这样,简直把给对方写诗当成是生命里最重要的一件事情。

所以纸短情长，几百首的小诗，又怎么可以表达得了他们彼此情深不可诉的牵挂和思念呢？

◎ 纸短情长，写不尽的是我对你的思念

公元 813 年，三十五岁的元稹在江陵病倒了。

这可把白居易急坏了。那个时候的他还在丁忧期间，一没工作二没钱。听说元稹病了，赶紧去药铺里买了好多的药给元稹寄去：

> 已题一帖红消散，又封一合碧云英。
> 凭人寄向江陵去，道路迢迢一月程。
> 未必能治江上瘴，且图遥慰病中情。
> 到时想得君抬得，枕上开看眼暂明。

其实他自己也不清楚，这些药究竟能不能治好元稹的病，但他实在是不知道能为元稹做什么了。这份记挂的心呐，只能寄托在这些药草上了。

所以，白居易寄的哪里只是药草啊，分明寄的就是他的一颗心。

元稹对白居易其实也一样。

这一年，元稹从江陵被调任到通州，他刚到通州，就听说白居易在长安出事了。

事情的起因，是宰相武元衡居然被人当街刺杀了。

白居易一听说这事儿就急了，跑到皇帝那儿说了一大堆的话，

大概是说那些办案的人水平怎么这么差？为什么到现在还没有抓到刺客呢？

　　白居易这话说得实在是有些不应该，人家在前面没日没夜地破案侦查，你什么也没有干，就知道跑到皇帝那儿告黑状，就连皇帝听了也不高兴啊，于是没多久就被贬到江州去了。

　　元稹那个时候还在病中，听到这个消息以后被惊出一身的冷汗：

> 残灯无焰影幢幢，此夕闻君谪九江。
> 垂死病中惊坐起，暗风吹雨入寒窗。

　　他说，他这段时间病还没好利索呢，天天都躺在床上动弹不得，但一听说白居易出事儿了，惊得他从床上一下子就坐了起来。

　　但是很快，他就收到了白居易寄来的一封信，随信寄来的，还有一件薄薄的纱衣：

> 浅色縠衫轻似雾，纺花纱袴薄于云。
> 莫嫌轻薄但知著，犹恐通州热杀君。

　　此时的白居易已经在江州上任了，关于满肚子的牢骚委屈，他什么也不说，只给好朋友寄来一件纱衣。其实他是想告诉好朋友说他好着呢，不用为他操心。倒是他挂心着元稹的身体，本来病就没有好，又到了通州这地方，别再受了湿热让病情加重。所以很快，他又寄了一条凉席来：

> 笛竹出蕲春，霜刀劈翠筠。织成双锁簟，寄与独眠人。
> 卷作筒中信，舒为席上珍。滑如铺薤叶，冷似卧龙鳞。
> 清润宜乘露，鲜华不受尘。通州炎瘴地，此物最关身。

真是用心良苦啊。

其实，元稹又何尝不担心白居易是不是能适应江州的潮湿气候呢？所以，元稹也马上给白居易寄了件衣服：

> 浥城万里隔巴庸，纻薄绨轻共一封。
> 腰带定知今瘦小，衣衫难作远裁缝。
> 唯愁书到炎凉变，忽见诗来意绪浓。
> 春草绿茸云色白，想君骑马好仪容。

而且元稹比白居易的心思还细腻，他给白居易寄完衣服，又担心路途那么远，也不知道衣服寄到的时候还合不合时令。

这么深情款款的一个人，也就难怪白居易思念他常常思念得度日如年了：

> 微之微之。不见足下面已三年矣，不得足下书欲二年矣，人生几何，离阔如此？

他说："为什么要让我们承受这分离的痛苦呢？这实在是太折磨人了。"

因为分别的时间太久，思念太深，所以他们总是十分珍惜那些短暂的相逢时光。公元 822 年,元稹改任越州刺史,他很兴奋,因为这一路上正好途经杭州,那是白居易上班的地方。

  白居易见着了元稹,那就更高兴了。他在诗里描写这次重逢的情景:

> 阁中同直前春事,船里相逢昨日情。
> 分袂二年劳梦寐,并床三宿话平生。

  白居易和元稹的这次重逢只有三天的时间,所以他们就抓紧时间好好地享受在一起的时光。白天手拉着手坐在窗前诉说分别以来的思念之情,晚上脚抵着脚回忆他们这半辈子的遭遇,真是一分钟也舍不得分开。

  可这三天的时间怎么一晃就过完了呢?想到马上又要和好朋友分开了,他们的心里又生起了一丝的忧伤,所以元稹又给白居易写诗了:

> 休遣玲珑唱我诗,我诗多是别君词。
> 明朝又向江头别,月落潮平是去时。

  为什么人生要有这么多的别离呢?

  但对于白居易来说,没有哪一次的别离,是像公元 830 年的那一次令他终生难忘的。那时元稹从越州回长安,路过洛阳,一对好朋友又见面了。不知道是不是冥冥之中早有预感,这一次的相逢,元稹显得十分忧愁。他望着已是满头白发的白居易,突然泪流不止:

> 君应怪我留连久，我欲与君辞别难。
> 白头徒侣渐稀少，明日恐君无此欢。

念完这首诗，元稹与白居易洒泪而别，白居易一直目送着元稹的背影远远地离开，不知为什么，心头突然生起了一股难以名状的悲伤。

那时的他并不知道，这一别，便是永不再见。一年多以后，元稹突然暴病而亡。

两个好朋友从此阴阳两隔，再也不能互相写诗赠物了。

几年后的一天，白居易忽然又梦到了当年他和元稹一起在长安游玩时的情景，醒来以后他不禁失声痛哭，嘴里不停地叫着"微之，微之"。

古人的名字，既有名，也有字。但朋友之间很少直接叫名，他们更习惯于叫对方的字，以示尊重。

比如元稹称白居易"乐天"，白居易喜欢称元稹"微之"。

但现在，不管他叫多少声的"微之"，再也没有人答应他了。他的微之，此时早已去了另一个世界。他还想再给他的微之写首诗，可诗写好了，却不知道该寄往何处：

> 君埋泉下泥销骨，我寄人间雪满头。

"微之啊，微之，你可知道，我在想你吗？"

> 朋友圈
>
> **刘禹锡**
> 今晚，长安月色如雪，
> 不知道东都的夜晚
> 是不是也是这样的宁静美好？
>
> 10分钟前
>
> ♡ 韩愈，裴度，李德裕，柳宗元
>
> 元稹：过分了吧，难道我越州就不配有月亮？🫠
>
> 白居易回复元稹：你家的醋缸没加盖还是咋了？
>
> 元稹回复白居易：这明目张胆的，真当我不存在？
>
> 张又新回复元稹：微之，我想你。想得睡不着觉，所以只好看月亮。😂
>
> 白居易：🥺

长安之夜。

刘禹锡望着窗外的月色，忽然就想起了三年以前，他在扬州遇到白居易的那天，一艘小船，几碟小菜，三两个知己，还有满肚子说不完的贴心话……

也不知道白居易现在在洛阳过得怎么样？

想到这里，刘禹锡不由自主地发了条朋友圈。

谁知元稹看到以后不愿意了，吵着闹着说刘禹锡偏心眼，凭什么只想老白不想他？

刘禹锡敲了敲自己的脑袋，他感到很是自责。是呀，朋友之间哪能厚此薄彼呢？想起他刚刚写给白居易的一首小诗，现在看来确有不妥。

于是，刘禹锡回到书桌前，他提起笔，在这首诗的题目后面又加了四个字，所以现在，这首诗就变成了《月夜忆乐天兼寄微之》。

这下元稹应该满意了。

相见恨晚，大唐老爷的黄昏情——白居易与刘禹锡

◎ 当官不成，所以选择当诗人

白居易很早就知道刘禹锡这个人，只是那时，在白居易看起来，刘禹锡是像风一样存在的，他忽然地刮过长安，又忽然刮走了。

这两个人其实是同岁，可成长之路却大不相同。

就在刘禹锡二十岁中进士那年，白居易还在家里念书。

刘禹锡已经开始在朝里当官了，白居易还在家里念书。

刘禹锡名重一时，一句话就能决定一个人命运的时候，白居易才刚刚做了名小小的校书郎。

所以，那个时候白居易或许也曾经远远地望见过刘禹锡的脊背，但刘禹锡即使回过了头，眼里却根本看不见他。那时的刘禹锡，正在跟着一个名叫王叔文的人一起大搞政治改革呢。

支持这场改革的是顺宗皇帝。

在顺宗皇帝还做太子的时候，他就发现大唐的政权已经出现了几个很严重的问题：

第一是藩镇割据；

第二是宦官专权；

第三是官员腐败贪污；

第四是老百姓的赋税负担太重。

所以顺宗即位以后，马上起用了王伾、王叔文、刘禹锡、柳宗元这些革新派进行政治改革——这便是中唐历史上非常有名的永贞革新。

参与这场改革的核心人物一共有十个人，史称"二王八司马"，其中要数刘禹锡和柳宗元的名气最大，两个人的关系也最好，他们都是大唐文化圈里的名人。在文化圈里，他们是革新派；在革新派里，他们是文化人。所以无论哪个战壕里，刘禹锡和柳宗元都是很好的战友。

但糟糕的是，他们政治改革的这场仗打得并不怎么漂亮。

纵观历史，无论是哪一场改革，难免要触动一些人的利益，永贞革新就让那些藩镇势力和旧宦官势力不愉快了。

这场改革的时间刚刚进行了不到半年，顺宗皇帝就生病了。宦官势力很快抓住这个机会，他们把顺宗幽禁在后宫里，拥立宪宗皇帝李纯即位，然后着力打击革新派。

如此一来，刘禹锡和柳宗元全都遭殃了。

柳宗元被贬去了永州，刘禹锡被贬去了朗州，都是十分偏僻的地方，但却歪打正着地成就了他们的文学创作。柳宗元在永州写下了他非常有名的《永州八记》，刘禹锡则在朗州写了《竹枝词》。

朗州在今天的湖南，紧挨着西南少数民族。刘禹锡被贬到这里以后，他发现当地人很喜欢唱民歌，尤其是一种叫作《竹枝词》的曲调，每次都听得他心旷神怡，听着听着，他的创作灵感突然就被激发了。按照当地民歌的特点，他创作了这首著名的《竹枝词》：

> 杨柳青青江水平，闻郎江上唱歌声。
> 东边日出西边雨，道是无晴却有晴。

刘禹锡在朗州整整待了十年的时间，写了十年的《竹枝词》，直到宪宗皇帝终于想起他，将他召回长安时，已经是公元815年，此时的刘禹锡四十七岁。那时正好是春天，长安城有一座玄都观，里面种着一片桃林，此时桃花开得正好。于是朝廷就组织大家去玄都观里赏花，回来以后，每个人都要写游记，盛赞一下京城的春天是如此的繁花似锦，最后再夸一下这都是皇帝治国有方，所以百姓安居乐业。

多好。

可刘禹锡偏偏就是不会写这样的诗，他看到玄都观里的桃花，再看看身边这几年刚被提拔上来的一群新贵，刘禹锡的心里只觉得好笑，他很是看不起这些人。于是他就写了一首《元和十年自朗州至京戏赠看花诸君子》：

> 紫陌红尘拂面来，无人不道看花回。
> 玄都观里桃千树，尽是刘郎去后栽。

这首诗的意思是说，玄都观里的桃花以前是没有的，大概是我刘禹锡被贬出京城以后才栽下的吧。但那些新贵们听了以后，马上就觉得刺耳了。刘禹锡这不就是借着桃花在讽刺他们吗？他们都是刘禹锡被贬出长安城以后才提拔上来的。所以，刘禹锡的意思，难道不是在说"别看你们现在玩得挺热闹，其实那都是我玩剩下的"。

于是此诗一出，刘禹锡很快就遭到了打击报复，不过一个月多月的工夫，他又被贬出长安城了。

◎ 扬州一聚，竟然等了二十年

刘禹锡从朗州回到长安那年，白居易刚刚被贬去江州。两个人擦肩而过。刘禹锡一定感到非常失望，因为此时他们两个人已经神交许久了，他多希望此次回到长安，能够见一见白居易啊。

想当初，永贞革新失败以后，革新派个个都如丧家之犬，人人见了犹恐避之不及。刘禹锡也一样，待在偏远的朗州无人问津。令刘禹锡没有想到的是，就在他最不受人待见的时候，竟然收到了白居易的信。

此时的白居易已有诗名，而且还在朝廷里做着翰林学士，可他却把自己写的诗寄给了刘禹锡，请刘禹锡品评指教。

白居易这么做，纯粹只是因为惺惺相惜，他不管刘禹锡是什么派，他只知道刘禹锡是位很好的诗人。所以，他把诗寄给刘禹锡，这种诗人与诗人之间的精神交流，把此时正处于落魄之中的刘禹锡感动坏了。

他给白居易回了首诗，诗的题目就叫《翰林白二十二学士见寄诗一百篇，因以答贶》：

> 吟君遗我百篇诗，使我独坐形神驰。
> 玉琴清夜人不语，琪树春朝风正吹。
> 郢人斤斫无痕迹，仙人衣裳弃刀尺。
> 世人方内欲相寻，行尽四维无处觅。

"翰林白二十二"，指的就是白居易，此时白居易正在朝廷里担任翰林学士一职，而二十二，是白居易在家中的排行。唐人喜欢将排行用作称呼，比如杜甫在家里排老二，所以李白就叫他"杜二"，有诗为证——《鲁郡东石门送杜二甫》；元稹在家排老九，白居易就叫他"元九"，有文为证——《与元九书》。

白二十二给刘禹锡寄了一百首诗来，刘禹锡看完以后非常感动，于是就回了这首诗，他说是白居易的诗伴随着自己在朗州度过了许多个清冷的夜晚。那时他就曾经想过，如果能和这位白诗人对酒吟诗，该是一件多么幸福的事啊。只是可惜了，那时的他们一个在长安，一个在朗州。

等刘禹锡回长安了，白居易又被贬去了江州，两个人还是没能见着面。此后数年，刘禹锡从播州到连州，从连州到夔州，再从夔州到和州。而白居易从江州转忠州，再从忠州回长安，最后又跑去江南做官。他们两个人各自奔波在各自的官旅之中，凭纸传情，隔空安慰，这场"线上"交流从公元808年一直持续到826年将近二十年的时间，终于有一个绝好的机会，他们就要实现他们的"线下"相聚了。

这个绝好的机会是刘禹锡要从和州回长安，途中他要经过金陵，也就是今天的南京。而此时的白居易，正好在苏州，两座城市离得很近。

于是,他们便把这次相聚的地点定在了扬州。

相见的那一天,两个人都非常高兴,他们把酒言欢,引吭而歌,恨不得把积攒了近二十年的思念之苦,一下子全都消化在这场扬州的烟花烂漫里。

偏偏就在这个时候,元稹还来凑热闹了。

此时的元稹正在越州当官,他早就听说了刘禹锡和白居易要有这一场扬州相会。三个人都是诗坛名人,互相之间常有诗书往来。所以这一次的扬州相会元稹也想参加,可是因为工作的原因脱不了身,所以就写了首诗寄给白居易,祝贺白居易终于见到了这位神交许久的好朋友。

白居易见到元稹的诗可得意了,恨不能马上拍着照片给元稹看一看他和刘禹锡在一起开怀畅饮的样子,只是可惜那个时候还没有拍照片这一说呢,那就写诗"气气"元稹吧:

> 正与刘梦得,醉笑大开口。适值此诗来,欢喜君知否。

"梦得"是刘禹锡的字。

白居易给元稹说,他正和刘禹锡喝得高兴呢,元稹的贺诗就到了。可惜呀,他们那种欢乐的场面元稹是无论如何看不到了。

听这口气就知道,白居易已经高兴得忘乎所以了。

他和刘禹锡一边喝酒一边唱歌,唱着唱着,白居易突然又为刘禹锡感叹起来了,连着两次被贬,加起来一共二十三年的时间,这些飘零在外的日子:老刘,你受苦了。

所以,他给刘禹锡写了首诗:

> 为我引杯添酒饮，与君把箸击盘歌。
> 诗称国手徒为尔，命压人头不奈何。
> 举眼风光长寂寞，满朝官职独蹉跎。
> 亦知合被才名折，二十三年折太多。

刘禹锡听了，哈哈一笑，他并不是那种多愁善感之人，于是回赠白居易说：

> 巴山楚水凄凉地，二十三年弃置身。
> 怀旧空吟闻笛赋，到乡翻似烂柯人。
> 沉舟侧畔千帆过，病树前头万木春。
> 今日听君歌一曲，暂凭杯酒长精神。

面对白居易的感伤，刘禹锡反倒劝慰起白居易了。他说："这有什么呢？你没见在那些沉了的船旁边，不照样可见千帆竞发吗；枯了的树，也照样会有逢春的那一天。何况你我年岁还不大，咱今天好好地喝上他一顿，明天照样可以意气风发精神百倍的。"

刘禹锡的精神特质，一直都是这样乐观豁达的。如果没有这样的一种精神特质，二十几年贬谪在外的生活经历，早就把他打垮了。

> 自古逢秋悲寂寥，我言秋日胜春朝。
> 晴空一鹤排云上，便引诗情到碧霄。

我一直都以为,刘禹锡的这首《秋词》是最能代表他的个性的。自古以来,人们但凡是提到秋天,都是萧疏败落而感伤的。但唯有刘禹锡不会这样想。在刘禹锡的眼里,秋天是和春天一样充满朝气的季节,根本没有什么可悲观的,因为在他的身上有一种永远不会被困难击倒的豪爽之气,所以即使是秋天的萧索和冬天的寒杀,也从未让他丧失过对春天的希望以及对生活的热情。

这或许也正是白居易欣赏刘禹锡的地方,他送刘禹锡了一个绰号——"诗豪",果然很符合刘禹锡的个性。

◎ 别说哥老,哥能干得很呢

那一天,当刘禹锡把他写的《石头城》拿给白居易的时候,白居易惊讶得半天都说不出一句话来:

> 山围故国周遭在,潮打空城寂寞回。
> 淮水东边旧时月,夜深还过女墙来。

他拍着刘禹锡的肩膀感叹道:"此诗一出,我估计以后再也没有人敢写石头城了。"

所以这一对中年大叔扬州一见,白居易就再也舍不得和刘禹锡分开了。他们两个人结伴同行,从江南一路回到了东都洛阳,又在洛阳小住了一段时间之后,刘禹锡回长安去了。

此时的刘禹锡已是五十七岁的年纪,即将耳顺,但他好像依然如年轻时一样地看什么都不顺眼。

就拿当年那所让他栽了跟头的玄都观来说吧。

十几年以前的那个春天,他回长安来,跟着一群官员在这所道观里看桃花。他说,这些桃花都是他刘禹锡走后栽下的。结果祸从口出,被贬出长安了。

现在,他又回来了,又来玄都观了。当年那个种桃树的道士早已不知去向,桃林也没有了,园子里长满了野草,很是荒凉。

刘禹锡看到这一片萧索的景象,联想到朝廷里宦官当道,皇帝的身边尽是一些溜奸耍滑的小人,心里那股子天不怕地不怕的豪气又升腾了起来,于是他又写诗道:

> 百亩庭中半是苔,桃花净尽菜花开。
> 种桃道士归何处?前度刘郎今又来。

这首诗表面上看起来是在说当年的道观里还有桃花开得盛若彩霞,为什么现在却只有野草在风里摇曳呢?

可是还是会有人听出这首诗的言外之意——难道刘禹锡不是在讽刺说朝里都没啥好人了,只剩下一群像野草一样的乌合之众吗?于是刘禹锡又把人得罪了一大片,没过多久,他又被贬出长安,去苏州做地方官了。

史书上说刘禹锡"恃才而废",他还真是回回都是写诗惹的祸。

那一天,他从长安去往苏州,途经洛阳的时候,天上忽然下起了鹅毛大雪。白居易在雪中为这位好朋友摆酒送行。望着纷纷的大雪,和雪中即将远去的刘禹锡,白居易的心里万分不舍:

> 刘郎刘郎莫先起,苏台苏台隔云水。
> 酒酦来从一百分,马头去便三千里。

人间最难过的事情,莫过于头上的发丝已如雪白,却不得不与身边的故人话别。而这一别,是不是还能再见呢?

所以,白居易非常感伤。

但刘禹锡总是乐观的,面对生活,他总是相当豁达而乐观的。所以反倒是他在写诗劝慰白居易:

> 洛城洛城何日归?故人故人今转稀。
> 莫嗟雪里暂时别,终拟云间相逐飞。

刘禹锡给老朋友说:"别难过了,说不定我们很快又会在一起啦。"说完拍了拍白居易的肩便上苏州去了。

在苏州的那段日子里,刘禹锡一直都惦记在洛阳的白居易。那时,元稹已经去世了,白居易很是悲伤,也很寂寞。因为思念元稹,他常常会在梦中哭醒。所以这段时间的刘禹锡,总是尽可能地安慰白居易,一会儿给白居易寄来一只鹤,一会儿又给白居易寄来酿酒的米。

白居易是很会酿酒的。"旧法依稀传自杜,新方要妙得于陈"说的就是他们老白家酿酒的方子,"瓮揭闻时香酷烈,瓶封贮后味甘辛"是夸他们老白家的自酿酒实在是太香了。

白居易用刘禹锡寄来的糯米酿成酒,一边喝,一边载歌载舞,他觉得他的忧伤和寂寞好像突然消失了:

> 舞时已觉愁眉展，醉后仍教笑口开。
> 惭愧故人怜寂寞，三千里外寄欢来。

大学问家陈寅恪先生说，"乐天一生诗友，前半期为微之，后半期则为刘梦得"。

"微之"指的是元稹，而"刘梦得"就是刘禹锡。

如果说元稹是从青年时代起一直陪伴着白居易走过了人生的起起落落，那么刘禹锡一定是那个给他寂寞的晚年生活添光增彩的人。

公元 836 年，刘禹锡退休了，他选择回到了洛阳城，那里有一直等待着他的白居易。而此时，他们都已是白发苍苍的老人了。白居易拉着老朋友的手，泪眼朦胧地说："老刘，你总算是回来了，可是你看，我们都成了老头子了，视力也不行了，就是想再跟你一起读书写诗，眼睛却看不清楚东西啦。"

> 与君俱老也，自问老何如。眼涩夜先卧，头慵朝未梳。
> 有时扶杖出，尽日闭门居。懒照新磨镜，休看小字书。

白居易在刘禹锡的面前，总像个小孩子一样地喜欢撒娇，喜欢表达自己的小情绪。

刘禹锡永远都是那么乐观豁达，即使他和白居易一样变老了，一样看不清楚东西了，但他还是会像个大哥哥一样地安慰白居易：

> 人谁不顾老，老去有谁怜。身瘦带频减，发稀冠自偏。
> 废书缘惜眼，多灸为随年。经事还谙事，阅人如阅川。
> 细思皆幸矣，下此便翛然。莫道桑榆晚，为霞尚满天。

老怕什么呢？谁又不会老呢？眼睛看不了书，那我们就不看了。想想我们经历过的那些事情，不是也很好吗？

这就是刘禹锡的精神世界，他是永远积极向上的。即使是衰老之年，他也依然劝慰白居易说，看那夕阳满天，不照样也很是绚烂的吗？

所以当他回到白居易身边以后，白居易受到了他的鼓舞，再也不为自己的疾病和衰老而整天忧愁悲哀了，而且还重新燃起了对社会再做些贡献的热情。

刘禹锡说"天地肃清堪四望，为君扶病上高台"，意思是即使自己又病又老了，但他只要有机会，还是想要再做一些事情的。

白居易就会说"争得大裘长万丈，与君都盖洛阳城"，意思是他早晚有一天要干一件大事，让洛阳城里的百姓不再遭受苦难。

说完以后，两位老人家相视一笑，依然如年轻时一样壮怀天下。只可惜，此时的他们毕竟都是垂老之年，刘禹锡并没有等来他能"扶病上高台"的机会，便永远地离开了。这个打击对白居易实在是太大了，他万分悲痛地给刘禹锡写悼念诗：

> 今日哭君吾道孤，寝门泪满白髭须。
> 不知箭折弓何用？兼恐唇亡齿亦枯。

在这首诗里,他把自己比作弓,把刘禹锡比作箭。箭都没有了,弓留在这世上还有什么用呢?又说自己好比是牙齿,而刘禹锡就是保护着牙齿的嘴唇,现在嘴唇都没有了,牙齿还能不脱落枯亡吗?

刘禹锡的离去让白居易备受打击。但这一次,他的身边永远不会再有那个给他鼓励和宽慰的人。他得靠他自己,去实现他在好朋友面前曾经许下的诺言——他要为洛阳的老百姓干一件实事。

在洛阳城外的龙门潭以南有一处叫八节石滩的地方,因为河道窄,船行到这里的时候划船的人必须得从船上跳进水里,推着船向前走。夏天还好,要是在冬天,水寒刺骨,很是遭罪。

有一天,白居易路过这里的时候,他正好看到划船的人站在刺骨的河水里推着船,那样子看起来痛苦极了。白居易当时就想,要是能把河道凿宽一些就好了。

后来,他果然就把这件事情做成了:

> 十里叱滩变河汉,八寒阴狱化阳春。
> 我身虽殁心长在,暗施慈悲与后人。

当白居易扶着拐杖站在宽阔的河岸上,望着船只往来如梭的样子心满意足地微笑时,他一定会看到刘禹锡正在天上,给他点了一个大大的赞:"力将痰兮足受绁,犹奋迅于秋声",这是刘禹锡的声音,他大笑着对白居易说,谁说人老了就不能干大事呢?

刘禹锡还是那么豁达开朗的样子。

> **朋友圈**
>
> **李翱**
> "取于心而注于言",
> 这是就传说中的我手写我心吧。
>
> 10分钟前
>
> ♡ 张籍，皇甫湜，孟郊
>
> 柳宗元：韩退之说的吧？
>
> 李翱回复柳宗元：您怎么猜到的？
>
> 柳宗元回复李翱：除了他，没有第二个人能讲出这么精辟的话来。👍
>
> 韩愈回复李翱：你公开了我和你的小秘密。🫢
>
> 柳宗元回复韩愈：小气了不是？
>
> 韩愈回复柳宗元：还不是怕他跟着我挨骂。😂
>
> 柳宗元回复韩愈：放心，我挺你！👍👍👍

　　韩愈一大早起来，就看到李翱朋友圈里的一条动态：取于心而注于言。这不是自己前几天写给李翱信里的一句话吗？

　　他很是赞赏李翱对这句话的理解，我手写我心，说得太对了。他本来是想给李翱点个赞的，但转头一想，他就笑了。

　　此言一出，大概又有不少人说他韩愈是白痴了吧？我手写我心？能写出骈体文的美吗？

　　但比起骈体文的形式美，韩愈更喜欢朴素无华，却极具精神内质的文字。比如《诗经》《尚书》，比如许多优秀的儒家经典，那是多么美的语言啊。

只是可惜呀，现在还愿意读这些经典的人真是越来越少了。

究竟谁才是韩愈真正的知音呢？

韩愈听到了柳宗元的声音。他说，他是，他永远都是韩愈的知音。

不离不弃，将古文运动进行到底——韩愈与柳宗元

◎ 韩愈和他的古文运动

叔本华曾经说过一句话，很多伟大的文学家并不会被他们所处的时代接受。相反，他们常常是被他们的时代排斥的。但他们的作品和他们的思想却总是在后世散发出灿烂的光辉。

这话用在柳宗元和韩愈的身上，实在是太合适了。就拿韩愈来说，我们现在都知道他是唐宋八大家之首，文章写得非常棒。可是又有几个人知道，想当年他在科举场上考了好几场，却是场场考不中。

难道说韩愈就是个学渣？

不不不，韩愈可不是学渣。据说他在很小的年纪就熟读了六经，每天只是写读书笔记就能写千百字的。这样的孩子，怎么可能是学渣？

可为什么他一遇到考试就挂科呢？

这就得从唐朝的科举考试说起了。

唐朝的科举考试考的主要是律诗、律赋和判词，这些都是特别注重声律的文字，讲究对仗工整，辞藻华丽，至于内容反倒在其次。尤其是从南北朝一直流行到唐宋年间的骈体文，是科举考试的重中之重，因为那个时候给皇帝写公文，用的都是骈体文。

可韩愈偏偏不喜欢作这样的文章，他喜欢的是更为远古的《诗经》《尚书》这一类古代典籍的写作风格，不饰外在的雕琢，但却注重思想内容。所以，他的文章在当时就显得很不合时宜，于是考一次不中，再考一次，还不中。

韩愈一生气，不考了，他开始招生办学，在青年学生中间去传播他的文学观点。

> 天街小雨润如酥，草色遥看近却无。
> 最是一年春好处，绝胜烟柳满皇都。

这是韩愈最为人所熟悉的一首小诗《早春呈水部张十八员外》，这个张十八员外的名字叫张籍，早年就曾是韩愈的学生，跟着韩愈一起学古文。他还有一个同学叫李翊，也是韩愈的学生，虽然官没有张籍做得大，但名气却一点儿也不比张籍小。因为李翊的求学态度非常好，总是喜欢向韩愈请教文学问题，所以有一天，韩愈就给他写了封信，这封信的名字叫《答李翊书》。

在这封信里，韩愈第一次全面阐述了他的文学观点——文章的好与不好并不在于它的形式，而在于它的内容：

> 行之乎仁义之途，游之乎诗书之源。

他说一个文学创作者，首先要培养自己高尚的道德品质，其次便是在《诗经》《尚书》这些传统的儒家经典里去寻找创作的思想源泉。所以，这看似是一封老师写给学生的信，而实际上，在这封信里，韩愈第一次旗帜鲜明地提出他倡导古文运动的宗旨。

这场古文运动从表面上看，是反对讲究声韵对偶、辞藻华丽的骈体文，提倡一种语言朴素，但却注重思想内容的古文写作，也就是我们现在常说的"文以载道"。

在韩愈看来，写作的目的并不只是风花雪月，把文字搞那么漂亮有什么用？他认为，写作的目的是表达一种思想，要能起到教化民众的作用。所以，韩愈提倡把文学回归到上古时期，说到底，他其实是想借文学之风，让孔孟之道再一次地回到人们的思想里。

因此说，这场古文运动其实更像是一场思想运动。

但历来的改革者，都像是个独行侠，他要打破一个旧的世界，创造一个新的世界，这样的人，多半都会被人看作是疯子。

韩愈在当时也绝不例外。

不要说别人，就连韩愈的学生张籍都觉得韩老师好像有些不正常：

> 且执事言论文章，不谬于古人。今所为或有不出于世之守

> 常者，窃未为得也。愿执事绝博塞之好，弃无实之谈，弘广以接天下士……

张籍劝他的老师说："您写文章的水平一点儿也不比古人差，可为何非要写些无稽之谈的东西呢？"

张籍说韩愈总是写些无稽之谈的文章，指的是韩愈创作的大量寓言体的散文，比如其中有一篇非常著名的《毛颖传》。这篇文章的主人公并不是人，而是一支毛笔，韩愈给他取名叫"毛颖"。他在文章中说，毛颖是被蒙恬将军带回皇宫的，秦始皇第一次见到他就特别喜欢，还给他一座封城，这座封城的名字叫"管城"。

后来的古诗词里都喜欢把毛笔叫作"管城子"，这名字就是打从韩愈的这篇散文里来的。

管城子在秦始皇的身边待得久了，慢慢地，秦始皇就不喜欢管城子了，甚至还讥笑他老得连头发都秃了，所以最后，管城子被弃置不用了。

这篇文章看起来好像是在说一支毛笔由受宠到失宠的遭遇，但其中的暗喻却意味深长。通篇散文的语言轻松诙谐，活像在演一出喜剧小品。可看着看着，却又突然令人感到心酸，那个被闲置起来的老毛笔，难道不正是不被领导重用的我自己吗？

这便是直入人心的文字啊。

可当时的人们却不这么认为。那个时候人们还都在写着又好看又好听的骈体文，认为韩愈写的就是些乱七八糟的东西。有人批评他"以文为戏"，是拿写文章开玩笑。所以一时之间，韩愈就成了众矢之的。

突然有一天，韩愈却意外地听到了有人在夸他的《毛颖传》，甚至还说这篇文章完全可以和司马迁的《滑稽列传》相提并论。

获得了如此之高的评价，韩愈震惊极了。究竟是谁，敢在全世界都反对他的时候站出来支持他呢？

◎ 无论身在何处，我都是你最坚定的支持者

这个支持韩愈的人，正是柳宗元。

说起来，韩愈和柳宗元应该算得上是老相识了。他这个考场上的老面孔，终于在三十四岁那年正式步入仕途。

韩愈曾经和柳宗元都做过监察御史，跟他们做同事的还有诗人刘禹锡。其实那个时候，柳宗元就已经打从心里赞赏韩愈的古文创作了。只是，那时柳宗元的心思还没有完全放在文学创作上。前面我们说过了，这个时候的他正忙着和刘禹锡一起，跟着王叔文搞改革呢。

但韩愈对搞政治改革并没有多大的兴趣。

因此，当柳宗元跟着刘禹锡在长安城里轰轰烈烈搞事业的时候，韩愈却被贬去了江陵，做了一个小小的法曹参军。

可是，柳宗元的事业也只热热闹闹地搞了不到半年的时间就搞不下去了。宪宗皇帝登基，王叔文惨遭杀害，刘禹锡被贬去了朗州，而柳宗元则被贬去了永州。

柳宗元带着全家老小到了永州以后，发现这里根本就是个难以生存的地方，他们在那里连个住的地方都没有，一家人挤在一座寺庙里过日子，生活得很是艰辛。所以很快，他的妈妈就因为水土不服支撑不下去了。

> 千山鸟飞绝，万径人踪灭。
> 孤舟蓑笠翁，独钓寒江雪。

这首著名的《江雪》便是柳宗元在这个时期创作的。此时的他正像诗里所写的一样，感到内心无比孤独。失去了事业，又失去了亲爱的妈妈，他在永州这个偏远的地方，做着一份可有可无的闲差，生命好像一下子没有着落了。

就在这一段时间里，他听说韩愈写了一篇人人喊骂的《毛颖传》，柳宗元十分好奇，他真想读一读韩愈的这篇文章到底写的是什么，居然被世人讥笑成这个样子？可是他在偏远的永州，别说是原文了，就是想找个盗版都找不着。

直到公元809年，柳宗元的小舅子杨子诲来永州看他的时候，包里正好装着《毛颖传》的抄本，柳宗元赶紧要了过来，一口气读完，不禁连呼好文。于是马上写了篇文章来赞扬这篇与众不同的《毛颖传》，说那些嘲笑这篇文章的人不过是些"模拟窜窃，取青媲白，肥皮厚肉，柔筋脆骨"的俗物，格调实在是太卑下了，根本理解不了韩愈文章的深度。还说这篇文章的水平，一点儿也不低于司马迁的《滑稽列传》。

这一次，柳宗元是在精神上给了韩愈最大的支持。

但其实要论起来，此时韩愈的生存状况可比柳宗元好很多了。

他们这一对文学上的好伙伴很有意思，总是像个跷跷板似的一起一落。当年，柳宗元在长安城里风生水起的时候，正是韩愈最落魄的时候，因为他不是革新派，所以被一贬再贬。

可风水轮流转，柳宗元的改革失败了，被贬去了荒蛮的永州，从此一辈子没有翻过身。

而韩愈却被召回长安做官了。

但其实在皇帝身边当官也是有烦恼的。比如公元 813 年，韩愈做修史官，领导安排了项任务给他，让他编一部《顺宗实录》。

这下韩愈苦恼了。

顺宗皇帝是宪宗皇帝的爸爸，按理说给老皇帝写史，本不是件什么难事，可顺宗不一样，他在位的时间满共不过几个月，干的唯一的一件事情，就是支持了王叔文、柳宗元和刘禹锡这些人搞改革。

可是，这些改革派当时是极力反对宪宗登基的，你让一个史官究竟该如何去记录这一段历史呢？

歌颂革新派吧，那显然是在跟现任皇帝唱反调；那么批判革新派吧，那就是在说现任皇帝他爹的坏话。

韩愈真是郁闷啊。所以，他想到了远在永州的好朋友柳宗元，于是就写了封信向柳宗元诉苦，他说做史官，可真是一件为难的事情啊。

柳宗元接到韩愈的信以后，立即给他写了回信，先是责备韩愈怎么突然变得优柔寡断畏首畏尾起来了，如果真是那样的话，简直都不配坐在史馆里当史官了。紧接着他又鼓励韩愈，让韩愈只要遵照事实去写就可以。最后，柳宗元还半开玩笑半认真地说，如果韩愈不去写，那整个大唐怕是也找不出第二个人能写好这段历史了，这又是对韩愈极高的评价。

柳宗元写给韩愈的这封信，就是非常著名的《与韩愈论史官书》，这封信给了韩愈莫大的支持和鼓励，后来，他果然完成了这部《顺宗实录》。

这难道不是友谊所给予他的力量吗？

◎ 将古文运动进行到底

在这一对文学大家的友谊天平上，不只有柳宗元对韩愈的赞赏与支持，其实韩愈对柳宗元的倾慕与喜欢更是从年轻的时候就开始了。

那还是柳宗元在长安混得正好的时候，而韩愈却被一贬再贬，从长安到阳山，再从阳山到江陵，这是韩愈过得最糟心的一段日子，长安对于他来说，实在是一个不太想提起的地方，但唯独有两个人，一直令他念念不忘：

> 同官尽才俊，偏善柳与刘。

这里"柳与刘"，指的就是柳宗元和刘禹锡。韩愈说，当年在长安共事的同事们虽然个个都是精英，但唯独柳宗元和刘禹锡是他最好的朋友。由此可知，虽然他们的政治观点各不相同，但这一点儿也不妨碍韩愈对柳宗元的认同与欣赏。

沧海桑田，他们一直都在彼此的宦旅生涯里起起落落，公元819年，柳宗元再一次被贬去了比永州还要荒凉的柳州。同年，韩愈因为反对宪宗皇帝迎佛骨这件事情，被贬去了潮州。临行以前，他给一个叫元十八的人写赠别诗，其中有一句提到了柳宗元时，韩愈依旧对他大加赞赏：

> 吾友柳子厚，其人艺且贤。

可见自始至终，别管是柳宗元风光无限，还是被贬在外，在韩愈的心里，柳宗元无论人品还是才华都令人赞叹。

有一次，长安有位叫韦玢的文学青年来找韩愈求教文学写作。这位韦玢是韦夏卿的侄子，也就是元稹妻子韦丛的堂弟，是一位正经的官宦子弟。

但在为他选老师这件事情上，韩愈毫不犹豫地向他推荐了柳宗元。他说："论学问，柳子厚比我强多了，你如果真的想找一位好老师的话，那一定是非柳子厚莫属。"

那么柳宗元的身上究竟有什么样的才华与品质，会让韩愈如此敬重赞赏呢？

这一切，首先源于他们对文学创作共同的认知，那是一种精神上的认同感，相当默契。

在被贬永州的十年时间里，柳宗元写了许多优秀的散文作品，比如最为我们熟悉的《黔之驴》，说有一只老虎，从来都没有见过驴子长什么样。后来，有人从外地运了一只驴来，老虎见了，一开始特别害怕，不知道这个庞然大物究竟是个什么玩意儿，于是就暗暗地观察。

一天过去了……

两天过去了……

几天过去了……

老虎终于发现这只驴子除了会喊叫几声，蹬几下蹄子以外，好像也没有什么其他的本事。

于是"跳踉大㘎，断其喉，尽其肉"，老虎跳起来就把这个庞然大物给吃掉了。

这篇散文的写法完全遵循了古文运动的写作精神：文者以明道。他在用一个寓言的形式告诉人们，不用害怕那些虚张声势的家伙，其实他们不过是徒有其表而已。

柳宗元的大量散文都是秉承着这样的写作风格，在骈体文十分风靡的中唐时代，他成为了韩愈文学路上唯一的伙伴，并以实际行动支持着韩愈倡导的"古文运动"。

所以后来，有个明朝人总结出来了"唐宋散文八大家"的阵营——韩愈、柳宗元、苏轼、苏洵、苏辙、欧阳修、王安石、曾巩。这八个人都是散文写作的高手，但是你发现了吗？这八个人里，宋朝人占了六个，唐朝人却只有韩愈和柳宗元。

大概有唐一代，在散文创作这条战线上，也只有他们两个才是铁打的一对好战友吧。

> **朋友圈**
>
> **李贺**
> 我就想问一下我爹他爹,
> 我的亲爷爷,
> 您给我爹取名字的时候,
> 到底有没有考虑过我呢?
>
> 7分钟前
>
> ♡ 皇甫湜, 孟郊, 韩愈
>
> 李涉: 😂😂😂
>
> 皇甫湜: 怎么了小李同学?
>
> 韩愈回复柳宗元: 他报不了名, 急得。
>
> 李贺: 😂😂😂
>
> 皇甫湜: 我好像明白了。
>
> 韩愈回复柳宗元: 啥也不说了。

　　看到李贺的朋友圈,韩愈有点儿坐不住了——他竟然因为亲爹的名字想要放弃科举考试。

　　这可真把韩愈急坏了。

　　十年苦读,一朝中第,谁不知道榜上有名是对一个读书人最大的奖励?

　　李贺怎么可以说不考就不考了呢?

　　但是,李贺却有他的难处,他的爸爸名叫李晋肃,"晋",是"晋升"的"晋",和"进士科"的"进"同音不同字。

　　可尽管如此,还是有人在说,如果李贺参加了进士科的考试,那就是对自己老爸最大的不敬。

　　话都说到这份上了,还让李贺怎么考?

诗界奇才，终负恩师所望——李贺与韩愈

◎ 被亲爹耽误了的少年才子

为什么李贺的爸爸叫"李晋肃"，李贺就不能参加进士科考试呢？

因为古人有个讲究，叫作"避讳"，意思是为了对长辈表示尊重，晚辈无论是写文章还是说话的时候，绝不可以提长辈的名字。

《世说新语》里就曾经讲了这样的一个小故事，说三国名臣钟繇的儿子钟毓、司马懿的儿子司马师、陈群的儿子陈玄伯、武周的儿子武元夏四个年轻人一起吃饭，吃着吃着，司马师突然就想捉弄一下钟毓。他朝陈玄伯和武元夏挤了挤眼睛，于是开口问钟毓："你觉得皋陶是个什么样的人？"

皋陶是舜帝时期一位非常出色的政治家，他这名字念 [gāo yáo]，"陶"字和钟毓爸爸钟繇的"繇"同音。

所以司马师问钟毓这个问题，就是拐着弯地想让钟毓说出自己亲爹的名字来。但钟毓多聪明啊，他才不会上这个当，所以只回答说："是位古代的懿德之士。"

钟毓这回答根本就没提皋陶的名字，反倒是说皋陶是位"懿德之士"。这下，可把司马师气坏了，因为"懿德之士"的"懿"字，正好就是司马师他爸司马懿的"懿"。

但这还没有完。

转过头，钟毓又冲着陈玄伯和元夏来了句"君子周而不比，群而不党"，意思是骂他们两个像小人一样跟着司马师拉帮结伙地给自己下套子。可更巧妙的是，他在这句话里，捎带着把陈玄伯他爸陈群、武元夏他爸武周的名字都提到了。

是不是像极了我们小时候和小朋友吵了架，喊他家长名字时一样的解气？

但在古时候，叫家长名字实在是一件非常不礼貌的事情，所以才要"避讳"。《红楼梦》里有一个章节，当林黛玉的家庭教师贾雨村知道了林黛玉的妈妈名叫贾敏的时候，才忽然想起来，难怪这个女娃娃每次写到"敏"字的时候，总是要少写一两笔。

这也是避讳，长辈的名字不仅不能说，而且写都不能写。

所以现在，李贺要考进士了，可他的爸爸偏偏叫作"李晋肃"，"进"和"晋"不是同一个字，却是同音，按规矩也得"避讳"。

于是在那些天里，总有人跑到李贺的家里来劝他，说他好歹也算是个读书人，怎么能连这点儿规矩都不懂，为了考个功名，去犯亲爹的讳呢？

李贺一听，为难了。

他从没有想过，自己考个进士竟然有这么大的麻烦。不考，丢了前程。考，失了礼数。

究竟是考还是不考呢？

在来自多方面舆论的压力下，李贺的这个进士眼看考不成了。

这件事情很快就传到了大学问家韩愈的耳朵里，这可把韩愈急坏了，他赶紧跑到李贺的家里去劝李贺："你的成绩那么好，将来一定会成为栋梁之才，在这个关键的时刻，你可千万别拿错了主意呀。"

可李贺还是非常犹豫。

没有办法,韩愈只好跑去找他的学生皇甫湜发牢骚。皇甫湜听了也很是气愤,心想这不就是道德绑架吗?于是他灵机一动,对韩愈说:"要不,您写篇文章来驳斥一下这种现象怎么样?"

韩愈一听,马上伏案疾书,写了一篇议论文,第二天一大早就拿出去发表了。

这篇文章就是非常著名的《讳辩》。

> 贺举进士有名,与贺争名者毁之,曰贺父名晋肃,贺不举进士为是,劝之举者为非。听者不察也,和而唱之,同然一辞。

韩愈开篇明义,告诉李贺说,李贺你是不是真傻啊,那些跟你同一场考试的人巴不得你别参考呢。只要你不参考,他们就少了一个竞争对手,所以才找了个避讳的理由来劝你,没想到你还真中了人家的招。

看起来,在这一场考与不考的文化争论中,韩愈是最清醒的那一个。所以他提出了一个问题:

> 父名晋肃,子不得举进士,若父名仁,子不得为人乎?

如果说李贺的爸爸叫"李晋肃",所以李贺就不能参加进士考试。如果他的爸爸叫"李仁",他是不是连人都不要做了?

那么按照韩愈的意思,是不是我们以后都不用再避讳了?

当然不是的。避讳自然还是要避的,只是可以灵活变通。所以,韩愈提出了一个被很多人都忽视了的避讳法则——二名不偏讳。他举了个例子:孔子的母亲名叫"征在",所以孔子每次在说到"征"字的时候,不说"在";说到"在"的时候不说"征"。先贤都已经给做了很好的榜样了,为什么在李贺爸爸李晋肃的这个问题上,一定要处理得这么死板呢?

韩愈的这篇文章论点明确,论据充足,不仅提出了问题,而且还给出了解决问题的办法,可以说,他能为李贺想到的都想到了。可即便如此,在社会舆论的压力下,这个孩子最终还是没能回到考场上。

而韩愈在那篇《讳辩》里花费的所有的心思,也全都白费了。可以想象当年的韩愈,一定是伤心透了吧。

◎ 韩门弟子人才多多

为什么韩愈会对这个叫李贺的年轻人这么上心呢?

这首先是因为韩愈但凡是遇到有点才华的人,他都十分关注。

当年他在洛阳做县令的时候,有人来报案,说有一个恶少总是偷窥他们家里的女眷。

韩愈接了这个案子以后,马上对案情展开了调查。结果不查不知道,一查吓一跳,原来这个来报案的,竟然就是大诗人卢仝。

没错,就是那位写下"相思一夜梅花发,忽到窗前疑是君"的卢仝。

卢仝一辈子没有当过官,隐居在洛阳一个小山沟里过着山民一样的生活，但其实他可是真正的名人之后，他的爷爷，就是初唐四杰之一的卢照邻。所以，他自然继承了他爷爷的遗传基因，诗写得相当好，在中唐诗坛上，也是个响当当的人物。

可虽然卢仝诗写得好，日子却过得实在是很清苦：

> 玉川先生洛城里，破屋数间而已矣。
> 一奴长须不裹头，一婢赤脚老无齿。

韩愈上他家一看，不禁感慨这位卢诗人家里穷得除了几间破茅屋以外，其他什么都没有了。家里的一个老佣人，却连个裹头发的头巾都买不起。还有一个女仆，脚上连鞋子都没有穿。

韩愈看卢仝的日子过得如此清苦，真是心疼得不得了，他更恨那位恶少居然还敢跑到诗人的门前来骚扰。于是马上派人抓了那个恶少，并且给恶少判了个砍头的罪。

可是这样一来，卢仝又觉得不安了。他并不想置那个恶少于死地，于是又赶紧替恶少求情。卢仝这样的胸怀更是令韩愈钦佩，他给卢仝写诗说：

> 买羊沽酒谢不敏，偶逢明月曜桃李。
> 先生有意许降临，更遣长须致双鲤。

韩愈希望卢仝能常常来他的家里做客，他一定会准备好酒好菜来款待卢仝的。注意，韩愈在诗里用了"降临"这个词，这在古时候是专指达官贵人驾临的意思，但韩愈却用在了一个什么身份都没有，还穷得叮当响的诗人身上。足见他对诗人的尊重和爱惜了。

说起韩愈对诗人的爱惜，最著名的是贾岛撞他轿子的那个传说。讲的是有一天晚上，贾岛看到天上高高悬挂的明月，脑子里突然冒出来一句诗：鸟宿池边树，僧推月下门。

据说，当时的贾岛把这句诗反复地念了好几遍，越念他越觉得"推"字用在这里不好，不如换"敲"字更合适。于是一路"推敲"着，结果一头撞在了韩愈的轿子上。但韩愈一点儿也没有生气，反倒很欣赏贾岛这种精益求精的写作态度。后来两个人在大街上就一起"推敲"了起来，最后韩愈告诉贾岛说，在这句诗里，还是用"敲"字更有艺术性。于是便有了我们现在读到的：

> 鸟宿池边树，僧敲月下门。

当然这只是个传说，未必是真的，可经过历代文学家不断地加工渲染，到今天这事儿能传得跟真的一个样，无非只有一个原因，那就是韩愈确实爱惜人才。

张籍也是一个例子。

提起张籍的名字，知道的人可能并不多，但如果提到他的一首诗，那就太有名了：

> 君知妾有夫，赠妾双明珠。
> 感君缠绵意，系在红罗襦。
> 妾家高楼连苑起，良人执戟明光里。
> 知君用心如日月，事夫誓拟同生死。

> 还君明珠双泪垂,恨不相逢未嫁时。

写这首诗的时候,张籍有一份工作在做,但一位名叫李师古的将军看上了他,想挖他。但张籍这个人恋旧,他不想随意跳槽,于是就写了这首《节妇吟》,借了一个少妇不肯改嫁的志向,来表达他并不想随意换工作的意思。

可以说,如果没有韩愈,张籍或许一辈子都只是一位默默无闻的小诗人。而在他遇到韩愈之后,一切都不一样了:

> 略无相知人,黯如雾中行。
> 北游偶逢公,盛语相称明。
> 名因天下闻,传者入歌声。
> 公领试士司,首荐到上京。
> 一来遂登科,不见苦贡场。

张籍说,他本来就是个无名小辈,后来因为遇到了韩愈,得到了他的大力推荐和赞赏,所以,张籍的名气一下子就传开了。

张籍第一次见到韩愈是在洛阳,那个时候的张籍穷得连个住的地方都没有,但韩愈却非常赏识他,认为他日后必然能成大器。于是就给张籍找了套房子,让他安心住下来好好读书,准备参加下一届的科举考试。

后来张籍参加的这场科考,正好韩愈就是主考官,所以他很顺利地通过了。当然这里固然与韩愈的关照分不开,可主要还是张籍的成绩好,不然韩愈也不可能帮助他。

在当时，像张籍这样受到韩愈帮助的读书人很多，而且他们都是韩愈的学生，所以就有了一个共同的名字，叫"韩门弟子"。如今的网上有一句话，叫作"有一种幸运，叫遇到韩老师"。这位韩老师，指的便是韩愈。而这话的意思，说的也正是当年有许多年轻人，都以能成为韩愈的学生而感到幸运和光荣，因为韩老师的手下确实出人才，比如李翱、皇甫湜、李汉、沈亚之等，他们都中过进士。

有朝一日，韩老师翻开他的学生通讯录，望着这些簇拥在功名堆里的名字时，韩老师的心里一定会猛然一紧，怎么会少了一个人呢？

那个人难道不应该是这群人里最出色的一个吗？

可是如今他去哪儿了？

◎ 呕心沥血，只为写诗

被韩老师心心念念惦记着的这个人，就是李贺。

韩愈第一次知道李贺的名字，是因为他读了李贺的一首诗——《雁门太守行》：

> 黑云压城城欲摧，甲光向日金鳞开。
> 角声满天秋色里，塞上燕脂凝夜紫。
> 半卷红旗临易水，霜重鼓寒声不起。
> 报君黄金台上意，提携玉龙为君死。

韩愈当时真是惊叹极了，他拉着黄甫湜的手说："这首诗如果是古人写的也就罢了，但它居然是我们身边的一位年轻诗人写的，那我们实在是没有不去拜访一下的道理。"

就这样，韩愈带着黄甫湜找到李贺的家里来了。

那是公元809年，永贞革新失败以后，韩愈刚从江陵被召回长安没几年，官任都官员外郎。而此时的李贺还不到二十岁，突然看到家里来了两个当大官的人，一开始还有点不知所措。可一听说他们来找他就是想听听他写的诗，李贺一下子就放松了，于是现场作了这首《高轩过》：

> 华裾织翠青如葱，金环压辔摇玲珑。
> 马蹄隐耳声隆隆，入门下马气如虹。
> 云是东京才子，文章巨公。
> 二十八宿罗心胸，九精照耀贯当中。
> 殿前作赋声摩空，笔补造化天无功。
> 庞眉书客感秋蓬，谁知死草生华风。
> 我今垂翅附冥鸿，他日不羞蛇作龙。

严格意义上来说，这是一首应酬诗，有点儿像现场命题作文，古代的文人之间很喜欢玩这样的文字游戏。比如，大家正坐在一起聊天，突然有个人站起来出了一个题目，于是大家就按这个题目每人作诗一首，这就叫应酬诗。所以，应酬诗一般写出来的水平都不怎么高，因为基本都是现场发挥，凑热闹的成分更多一些。

但李贺的这首应酬诗却写得相当漂亮，而最是吸引韩愈的，是他那天马行空一般的想象力。

比如，他夸这韩愈和黄甫湜穿戴很讲究，便是"华裾织翠青如葱，金环压辔摇玲珑"；夸这两位大人长相有气质，便是"入门下马气如虹"。

而当他想要表达一下他对这两位的敬慕之情，便是"庞眉书客感秋蓬，谁知死草生华风"。

用现在的话来说，这篇诗作文思巧妙、意象超脱、不落俗套，一下子让韩愈对眼前这个年轻人好感倍增。

自此以后，韩愈就密切地关注着这个年轻人，并且将他纳入了"韩门弟子"之列，用心教他写诗作文章。

但李贺最后并没有像韩愈期望的那样在科举场上求取功名。他因为他爸爸的名字而远离了科举场，这无疑是韩愈心上的伤痛，更是李贺自己心上的痛。

据说，李贺从小身体就不好，长得又黑又瘦，总是一副病恹恹的样子，所以只活到了二十七岁便去世了。

清代文学家沈复在他的《浮生六记》里写他第一次见到妻子芸娘的时候，正好看到了芸娘的诗稿，便忍不住在上面题了"锦囊佳句"四个字，用的便是李贺的典故。

据说李贺写诗已经写到了着魔的程度。无论走到哪儿，他都在琢磨着能不能把眼前看到的东西写成诗。一旦灵感来了，他会马上拿出纸笔现场记下来，然后随手丢进一个锦囊里。

所以无论李贺走到哪儿，他的身后总是跟着一个背锦囊的小书童，而锦囊里装着的都是他的诗稿。等晚上回到家，他再把这些诗稿一张张地整理出来，经常一整就是一晚上。所以每天傍晚，当他的妈妈看见书童又背着一大锦囊草稿回来的时候，总是会心疼得直唠叨："我这个儿子，是不是要把他的心都呕出来，才会停止写诗啊。"

沈复题在云娘诗稿上的"锦囊佳句"四个字，便是从这段故事里来的。他其实是在夸芸娘的才气，可比当年的李贺。可是若干年以后，沈复对他自己送给芸娘的这四个字后悔极了：

> 夭寿之机，此亦伏矣。

夭寿，说得通俗一些，便是短命的意思。

芸娘年纪轻轻就去世了，这难免就会让沈复联想到他当年用李贺来比芸娘，实在是一种不好的兆头。

关于李贺的早逝有一个神奇的传说，讲的是有一天晚上李贺正在熟睡之中，突然来了个穿红衣服的人对他说，天上的神帝要盖一座白玉楼，想请他去给写篇文章。

李贺一开始并不愿意去，他说他的家里还有老母亲，他舍不得撇下她。可是那红衣人告诉李贺说："还是去吧，天上比人间更快乐，到了那里，你就再也没有痛苦了。"

李贺想了想，就这样跟着这位红衣人永远地走了。

当然，这毕竟只是一个传说，大概是人们太不愿意看到这位才华横溢的年轻诗人早逝，于是编出来这样的一段神话故事，说他是去天上给神帝写文章了。

但实际上，诗人的早逝，他自己早就有了预感：

> 年二十不得意，一生愁心，谢如梧桐叶矣。

他说，他在这世上活了二十多年的光阴，但却并不如意，郁郁不得志的人生，早就让他的生命如同秋天的落叶一般枯萎了。

有句话说，忧郁出诗人。

很多文才出众的人都是极为多愁善感的，大概正是因为他们细密与敏感的情思，才会让他们对这个世界有了比常人更多的感触。愁心与忧郁正由此来，诗情与文思也正是由此而来。

就拿李贺来说，虽然他因为爸爸李晋肃的原因没能参加科举考试，但也因为他爸爸的原因，李贺最后终于当官了。

韩愈实在是不忍心李贺这么有才华的一个年轻人不能为朝廷所用，为了帮助李贺，他想起了李贺的爸爸李晋肃曾经做过县令这件事情，于是极力为李贺斡旋，再加上李氏宗族的推荐，让李贺终于可以"父荫得官"。因此，李贺得了一个奉礼郎的官职，虽然官位很低，但好歹入仕了。可他好像依然改不了他天性里忧郁的诗人气质：

> 驱马出门意，牢落长安心。
> 两事谁向道，自作秋风吟。

即使身在繁华的长安城，即使是有了一份正经不错的工作，李贺还是不开心，每天都觉得像是生活在牢笼里一般。这种情绪让他很快就有了厌世之心：

> 长安有男儿，二十心已朽。

> 楞伽堆案前，楚辞系肘后。
> 人生有穷拙，日暮聊饮酒。
> 只今道已塞，何必须白首？

一个二十多岁的年轻人，早已心如朽木，觉得生活没有什么意思了，又何必非要活到满头白发的那一天呢？

所以，他早早地走了。

关于李贺的早逝，史书上用"莫不怜之"四个字概括了所有人对他的痛惜之情。而在这所有的人之中，最是伤心难过的，大概就要数韩愈了。他是那么惜才的人，却让一个才华横溢的年轻诗人从自己的身边永远地去了。

韩愈伸出手，却再也握不住那个当年将他比作春风的诗人。如今，春风依旧，而那株摇曳的小草，却早早地枯败衰亡了。

> **朋友圈**

韩愈
一哭孟东野,亡灵已向北邙山;
二哭孟东野,从此风云暂得闲;
三哭孟东野,诗赋文章谁为伴?😭😭😭

7分钟前

♡ 皇甫湜,柳宗元,贾岛

张籍:愿天堂不再有诗,愿先生从此真的可以得闲。🙏
皇甫湜:又一个沥尽心血的诗人走了,愿他安好。🙏
贾岛:先生是我的榜样,他是我永远的榜样。🙏🙏
韩愈回复贾岛:幸亏还有你。🙏🙏

孟郊死了。

这个消息对于韩愈来说,实在是太突然了。

他和孟郊往来的书信都收在他的抽屉里,上面的每一个字,仿佛还是热的。

他们互相应答的诗句墨迹如新,字字句句都读得韩愈热泪盈眶。

但,孟郊已经没有了。

想到这里,韩愈不禁又一次悲从中来。

就在此时,他的微信朋友圈里传来另一位诗人的消息。当韩愈看到他的名字时,突然觉得眼前一亮……

郊寒岛瘦，一生苦命为诗人——贾岛和孟郊

◎ 苦了一辈子的孟诗人

令韩愈眼前一亮的不是别人，正是贾岛。想起他韩愈忽然觉得自己的心里没有那么悲伤了。所以，他马上给贾岛写了一首诗：

> 孟郊死葬北邙山，从此风云得暂闲。
> 天恐文章浑断绝，更生贾岛著人间。

韩愈这首诗的意思是说，孟郊死了，从此再也不用写诗了。大概正是因为如此吧，老天爷派了这个叫贾岛的人来接替孟郊了。他说老天爷之所以这么做，可能是害怕这世上从此再也没有人写诗作文章了。

当然，这是韩愈艺术的夸张手法，用来烘托他对孟郊和贾岛的赞赏。但也不难看出，他其实是把贾岛看作孟郊在诗歌创作上的接班人了。

说起孟郊，真是个苦命的读书人。寒窗数载，只盼着能一朝中第，可年年考不中，直到年将五十才进士中第，可把这位中年大叔高兴坏了，于是便写下了那首非常有名的《登科后》：

> 昔日龌龊不足夸，今朝放荡思无涯。
> 春风得意马蹄疾，一日看尽长安花。

孟郊说过去的那些事情都不必再提了，看看今天的我吧，多么的春风得意啊，因为我终于可以做官了。

按理说，这么得来不易的一场仕途，孟郊应该好好珍惜才对，但这个人好像生来就不该是做官的。他考了半辈子的试，大概也不过是为了向世人证明他自己——看，他孟郊总算是没有白念那么多的书。

孟郊的第一份差事是溧阳尉，溧阳在今天的江苏，吴越之地，风景独好。在他上班的地方，有一处投金濑，传说当年伍子胥逃生路过这里的时候，饥寒交迫，眼看就要饿死了。有一位在水边洗衣服的姑娘看他可怜，就弄了些吃的给他，这才救了他一命。

后来伍子胥发达了，想报答这位好心的姑娘，但又不知道姑娘的家在哪里，于是就朝水里投了一百两黄金，以示对这位姑娘的感谢，所以这里便有了"投金濑"的名字。

到了孟郊在这里工作的时候，投金濑一带的风景就更加优美了，水波荡漾，波光粼粼，两岸绿树成荫，蓊蓊郁郁，真是一个休闲读书的好去处。所以，孟郊每天带些吃的喝的到这里来，他坐在水边，一边弹琴饮酒，一边读书写诗，至于工作呢？衙门里积压了一堆的事务没有人处理，他才不要管呢。

如此时间一长，他的领导就有些受不了了，只好给孟郊安排了一个助手来协助他工作。谁知这下孟郊更不好好上班了，他把工资分了一半给那位助手，却把所有的工作都让助手干，而他则继续跑到水边去写诗了。

所以，这工作没干多久，孟郊就干不下去了。他辞职回家去做他专职的诗人了。

> 夜学晓未休，苦吟神鬼愁。
> 如何不自闲，心与身为雠。

孟郊写诗，从白天写到晚上，再从晚上写到天亮，他就好像是跟自己有仇似的，为了写诗把自己忙得团团转，搞得每天一点空闲的时间都没有。

可是尽管这么忙，但却一粒粮食都没捞着——因为不管他写多少的诗都是没有薪水的。很多诗人看起来诗写得很好日子过得也不错，那是因为人家在写诗的同时还干着一份能混饱饭的差事。

比如王维。王维是个诗人，但他首先是个当官的，有正经的工作；

比如白居易。白居易也是诗人，但也有正经的工作；

再比如刘禹锡。刘禹锡尽管被一贬再贬，可也从来没把饭碗弄丢了……

可是孟郊呢？

孟郊混了大半辈子，好不容易混进了官场，有了份正经的工作，他却不好好干，从此只靠写诗过日子，那这日子难免就会过得很清苦。

所以，我们来看看这位孟诗人的生活，他整天穿的是破衣烂衫，吃的是有了上顿没下顿。直到孟郊临死的时候，依然穷得连办后事的钱都没有，幸亏朋友帮忙安葬了他，又替他把家眷照顾了很多年。

这种穷困的生活，令孟郊写出来的诗，往往充满着穷寒之气：

> 借车载家具,家具少于车。

他说,他有一次要搬家,找了辆车子来拉家具,发现其实家里根本没有什么家具,哪儿还需要一辆车呢?

有一年冬天,天气实在是太冷了,可是孟郊穷得连买柴的钱都没有,冻得他浑身蜷曲直发抖。幸亏有朋友送来了些木炭,他这才生起了火,把冻得蜷曲的身体暖得伸展开了:

> 吹霞弄日光不定,暖得曲身成直身。

宋朝有位叫林逋的诗人,就是以梅为妻、以鹤为子的那一位,他也不做官,日子过得也清苦,他的诗写得也很好,像我们最熟悉的这首《山园小梅》:

> 众芳摇落独暄妍,占尽风情向小园。
> 疏影横斜水清浅,暗香浮动月黄昏。
> 霜禽欲下先偷眼,粉蝶如知合断魂。
> 幸有微吟可相狎,不须檀板共金樽。

在这首诗里,林逋用梅花高洁的品质来比喻自己的孤高幽逸的生活情趣,写得非常有格调。所以苏轼就很赞赏他,说他是"诗如东野不言寒",东野是孟郊的字。所以苏轼这话的意思是说林逋的诗写得像孟郊一样好,但却没有孟郊的清寒之气。

这个"清寒之气"是苏轼对孟郊诗最看不上的地方,所以他称孟郊为"郊寒"。而与之并列的还有一位，就是被韩愈当作是孟郊接班人的贾岛。他果然不负韩愈所望地成为了孟郊诗风的继承人，所以就被苏轼称作了"岛瘦"。

◎ **当"岛瘦"遇到了"郊寒"**

苏轼为什么会把孟郊和贾岛相提并论呢？

咱们首先来看看贾岛的这首诗：

> 一日不作诗，心源如废井。
> 笔砚为辘轳，吟咏作縻绠。
> 朝来重汲引，依旧得清冷。
> 书赠同怀人，词中多苦辛。

他说，他只要一天不写诗，心荒凉得就好像一口枯井一样，需要用笔墨纸砚做辘轳，吟诵歌咏做井绳才能激活它。

所以，他就必须天天写，时时写，只要是醒着的，他就得不停地写。

这话听起来是不是很耳熟呢？

对，这像极了孟郊的"夜学晓未休，苦吟神鬼愁。如何不自闲，心与身为仇"。他们的生命里，只有写诗。

但其实这样的生活并不快乐，所以他们要么是"词中多苦辛"，要么是"心与身为仇"，每天都是一副愁眉苦脸的样子。

所以，大家就给像孟郊和贾岛这一类的诗人取了个名字，叫"苦吟诗人"。

苦吟诗人的日子过得都不怎么富裕，比如孟郊，穷得连件像样的衣裳都没有了；但苦吟诗人作诗的态度却是非常认真的，比如贾岛，他有的时候为了一句诗能琢磨好几年的工夫：

> 两句三年得，一吟双泪流。知音如不赏，归卧故山秋。

一句诗贾岛想了两三年的时间，总算是觉得满意了，自己把自己感动得泪流满面。可至于其他人是不是能理解呢，诗人并不在意，他们追求的是一种自我的满足感。

贾岛在长安待了几年，考了几回试，却发现一个欣赏他的人也找不着，干脆就落发为僧了。

> 下第只空囊，如何住帝乡。
> 杏园啼百舌，谁醉在花傍。
> 泪落故山远，病来春草长。
> 知音逢岂易，孤棹负三湘。

他写这首《下第》诗的时候，心里一定悲凉透了。看着那些考中了的人高高兴兴地在杏园里摆庆功宴，而自己呢？名落孙山不说，还把所有的钱都花光了，口袋里空空如也，怎么在长安生活下去呢？

其实，贾岛也想过回老家去。

贾岛出生在河北一户普通的人家，生活条件并不好，他是全家人的希望，家里省吃俭用地供他读书，指望着他能一朝中第，从此就可以光宗耀祖。

可是，他却落榜了，这还怎么有脸回去见家乡父老呢？

长安待不成，老家回不去，这也可能成为了贾岛选择出家的一个重要原因。可是一入空门他就后悔了，因为那个时候的出家人规矩太多了，比如其中就有一条规定僧人每天中午以后就再不许出寺门了，这让自由惯了的贾岛很是不适应，于是就写诗发牢骚。

没想到，他的这牢骚诗竟然传到了大文学家韩愈的耳朵里。

前面我们就说过韩愈这个人有个特点，只要是有才华的人他都很珍惜。所以当他听到了贾岛的诗以后，发现这个出家人可真是不一般，于是便开始关注起贾岛来了，从此教贾岛读书写诗作文章。

公元811年，贾岛住在长安的青龙寺里。有一天，韩愈又来看他了，跟着韩愈一起来的还有一个人。

他正是韩愈的好朋友孟郊。韩愈和孟郊的交情很深，他们是自年轻的时候起就非常投缘的好朋友。而此时的韩愈还在长安做官，但孟郊却早已辞职回家，去做他的专职诗人了。

在此以前，贾岛就已经读过孟郊很多的诗。虽然从岁数上来看，孟郊大了贾岛将近三十岁，但对于诗歌的创作理念两个人却是完全相同的。这对于年轻的贾岛来说，很自然地就把孟郊当作是他的精神偶像了。

所以这次见面以后，他给孟郊写了首诗，用来表达他对孟郊的崇拜之情，其中有一段是这么说的：

> 我知雪山子，谒彼偈句空。

> 必竟获所实，尔焉遂深衷。
> 录之孤灯前，犹恨百首终。
> 一吟动狂机，万疾辞顽躬。

贾岛在这首诗里用了当年佛祖释迦牟尼的一个典故。

那时，佛祖在雪山上潜心修行，只为了得到一部《雪山偈》的经典。而贾岛说他现在学习孟郊的诗，就跟当年佛祖在雪山上修习时的心情完全一样。他在灯下抄录孟郊的诗，可一百首怎么那么快就抄完了？真是不过瘾，所以他又大声地朗读这些诗，读着读着，他竟然觉得自己一下子变得神清气爽，头不昏眼不花，腿脚也有劲啦。

看起来，孟郊的诗对于贾岛来说，居然还能起到强身健体的功效，可见贾岛是有多么崇拜这位孟郊老师了。

而对于孟郊来说，贾岛更是韩愈带给他的意外之喜。

孟郊可能一直都以为，在这个世上，再也找不出第二个像他一样为诗着迷的人了。但是，自从遇到了贾岛以后，他发现他不再寂寞了。原来在这个世上，还有一个跟他一样把写诗当成了生命全部的人，所以他的心里一下子宽慰了：

> 长安秋声干，木叶相号悲。
> 瘦僧卧冰凌，嘲咏含金痍。
> 金痍非战痕，峭病方在兹。
> 诗骨耸东野，诗涛涌退之。

在这首诗里,孟郊夸赞贾岛说,这个看起来瘦瘦弱弱的出家人,诗却写得非常有风骨,比他孟东野强,也比他身边的韩愈强,这可能就是长江后浪推前浪吧。

所以,孟郊放心地回洛阳去了。这一去,大概是真的放下心来了,所以没两年,孟郊便去世了。

◎ 从僧人到诗人,他一直在苦吟

孟郊去世的那一年,贾岛已经还俗了。韩愈说,像他这样有才华的年轻人,还是应该到科举场上去一展身手的。所以,他脱去了僧衣,又穿上了读书人的儒衫,准备去参加科举考试。

可是,贾岛这个人,一辈子像极了他的偶像孟郊,他们好像都不是为了官场而生的,在他们的心里只有诗。

孟郊写诗,写得连工作都不要了。

贾岛写诗,写得连这个世界都不要了。

那个时候的读书人,为了能在科举场上中个功名,每次在考试以前,都在拼命地打点关系。但贾岛从不这样做。贾岛即使坐在了权贵的身边,他都未必会拿正眼看人家,因为他的心思全在他的诗上。

有一天,他走在长安的街道上,此时已是深秋,风吹落叶,长安一片萧索,这样的景象让贾岛突然心生灵感,冒出了"落叶满长安"的句子。

可下一句是什么呢?

他搜肠刮肚地想啊想啊,根本就不知道长安市长刘栖楚的车队已经到了跟前。

就这样,贾岛因为冒犯长官而被抓进了监狱里。可他才不管自己究竟是身在监狱还是客栈呢,他只知道琢磨着他的那一句"落叶满长安"。忽然想到了下一句"秋风吹渭水"的时候,贾岛在牢房里高兴得手舞足蹈,把狱卒吓了一跳,还以为是关进来了个疯子呢。

如果说,贾岛的这一次冒犯长安市长属于无心之举,那么他还冒犯过一次宰相裴度,那显然就是故意的了。

> 破却千家作一池,不栽桃李种蔷薇。
> 蔷薇花落秋风起,荆棘满庭君始知。

这首诗的意思是说,有个人为了给自己家里建个花池,不知道毁坏多少人家的房屋,可他建了园池不种桃树也不种李树,却只为了种些华而不实的蔷薇花。

他说的这位建园池的人,就是宰相裴度。这摆明了是说裴度搞腐败,你说他连宰相的毛病都敢挑,长安城里谁能待见他?

所以,贾岛一辈子都奔赴在科举之路上,却一直没有个好结果。据说他去世的时候,家里除了一头病驴和一把旧古琴之外,什么都没有。这真是穷得像极了他的偶像孟郊。

贾岛像孟郊的地方,当然绝不止于生活上的清寒,他是完全地继承了孟郊的诗歌理念。有人说,他们两个共同将唐诗推向了形式主义的巅峰,指的是他们过于在意诗的对偶、音律以及字句的推敲和锤炼,要不怎么会有"两句三年得",又怎么会写诗写到"心与身为雠"?

所以，他们一个被称作是"诗奴"，一个被称作"诗囚"。

这两位诗人虽然可能相交的时间并不多，见面的机会也很少，但却在精神上成为了一对难得的知音。

"可惜李杜死，不见此狂痴"是孟郊初见贾岛时的惊叹，他多高兴这世上能有一个像贾岛这样的年轻人啊。

"身死声名在，多应万古传"是贾岛在孟郊去世以后发出的哀叹，他的心里难过极了。此后，在这条苦吟的路上，还有谁来做他精神上的陪伴呢？

> **朋友圈**
>
> **李商隐**
> 这长安城,还是从前的长安城;
> 这长安城,或者早已不是从前的长安城;
> 又或者,我也早已不是从前的我了……
>
> 7分钟前
>
> ♡ 令狐绹
>
> 温庭筠:找着工作了吗?
> 李商隐回复温庭筠:目前还没有。
> 温庭筠回复李商隐:令狐家去了吗?
> 李商隐回复温庭筠:一言难尽……

令狐绹看到李商隐发了条朋友圈动态,知道此时的李商隐,日子过得确实有点儿难。

他很想对李商隐说些什么,可是能说些什么呢?

是说"路,是自己走的,你得为你今天的结果负责"吗?这话说得分明就是有幸灾乐祸的意思。

那么说"兄弟,有什么困难,来找老哥吧"。万一他真来找自己了,自己应该怎么办?

令狐绹实在是太纠结了。

所以,他只给李商隐点了个赞。可点完以后,他又马上后悔了。人家都混成这样了,你还点个赞,什么意思?

唉,假如父亲还活着,父亲会怎么处理这件事情呢?

想起了父亲,往事便一幕幕地浮现在眼前……

一场相识，却是两代恩怨交织——李商隐与令狐绹

◎ 我们本是好兄弟

要说起来，李商隐和令狐绹，曾经宛如一对亲兄弟。只是这一对兄弟的家世却有着天壤之别。

先说李商隐。

李商隐虽然也自称是李氏宗亲，不过他们家这一宗和正宗的李氏皇亲实在是离得太远了，他的爸爸也就做到了一个小县令的职位，结果还在李商隐很小的时候就去世了。他和妈妈不得已回到了洛阳老家，依靠家族接济过日子。这让作为长子的李商隐在很小的年纪就成长为家里的顶梁柱。这孩子有个特点，他特别喜欢读书，而且文章写得特别棒，所以他就利用这点儿特长去"佣书贩舂"，意思是靠给别人抄文章换些钱来贴补家用。

但令狐绹的生活可就富裕多了。他的爸爸令狐楚无论在大唐政坛还是文坛都是鼎鼎有名的人物。

据说，令狐楚的骈体文写得非常漂亮。这骈体文就是我们前面介绍过的那种特别讲究对仗和韵律的文体，文风华丽旖旎，读起来气势磅礴，非常适合写公文。而令狐楚的骈体文写得更是出类拔萃，深得唐德宗赞赏，他把令狐楚用作御用文人，每次出奏章都非令狐楚不可。

但你如果认为令狐楚是个只会耍笔杆子的文弱书生，那你可就想错了。此人不仅文章写得好，带兵打仗也十分厉害，有诗为证：

刘禹锡夸令狐楚是"世上功名兼将相，人间声价是文章"，意

思是说令狐楚既能上得了战场，也能写得了文章。

白居易也写诗夸过令狐楚，说他是"谢朓篇章韩信钺，一生双得不如君"，意思是说令狐楚这个人论写文章，南北朝的文化大家谢朓都比不过他；论带兵打仗，西汉的开国大将韩信见了他也得甘拜下风。

这样的文武全才自然是既受朝廷的重用，更受粉丝的拥戴。所以论当官，令狐楚曾做到过大唐的宰相；论写文章，令狐楚有"一代文宗"的美称。

正因为如此，令狐楚的儿子令狐绹既是官二代又是文二代，从小生活优越，穷人家出身的李商隐与他根本没有可比性。

但是，这两个人后来却做了兄弟。

那时的令狐绹已经是三十四岁的年纪，有一天，他的父亲令狐楚带着一位面容清秀，但却衣着简朴的年轻人来到了他的身边。

父亲说，这个年轻人以后就是他的兄弟了，将与他同吃同住同学习。令狐绹带着官二代特有的优越感望了一眼这个年轻人，问他："你叫什么名字？"

年轻人说，他叫李商隐。

这一年的李商隐，只有十六岁。当他听说令狐绹的爸爸令狐楚正在洛阳做官的时候，惊喜极了。一代文宗，近在眼前，这对于从小便喜爱文学的李商隐来说实在是个难得的好机会，于是，他大着胆子跑来找令狐楚了。

李商隐带给令狐楚的见面礼，是他自己写的一篇文章。

令狐楚看过之后十分惊讶，这个孩子年纪不大，但文章却写得这么漂亮，当即就喜欢上了。于是留下了李商隐，拿他当亲儿子一样地待。令狐绹有啥,李商隐就有啥;令狐绹能干啥,李商隐就也能干啥。

但其实,令狐楚对李商隐在文学上的栽培,可比对他儿子用心多了。或许他认为,在诗文写作这条路上,李商隐确实比他任何一个儿子都会有前途;又或者他以为,他的儿子有他这样一位亲爹,基本不用太奋斗也会有个好前程。而李商隐就不一样了。李商隐没办法和别人拼爹,所以令狐楚就对李商隐格外用心,他教李商隐写诗作文章,带李商隐熟悉官场,认识社会名流。就连李商隐考个进士,都让令狐楚操碎了心。

公元 837 年,令狐楚决定让李商隐去参加科举考试。那一年的主考官名叫高锴。为了能让李商隐榜上有名,令狐楚请高锴吃饭,在高锴的面前极力推荐李商隐。高锴果然也很给令狐楚面子,这一年,李商隐进士及第。

可是这以后没多久,令狐楚却生病了。

令狐老先生这一病,就病得非常严重。儿子令狐绹一刻不离地守在病床前,给老父亲煎汤熬药,十分小心地伺候着。可令狐楚却什么药也不肯吃,只是一个劲儿地对令狐绹说,比起吃药来,他更想见见李商隐。

令狐楚都病成这个样子了,为什么还非要见李商隐呢?

原来令狐楚有一篇非常重要的文章,要以骈体文的形式写给皇帝。可是他知道,自己已经病得提不起笔了,只有李商隐才能替他完成这篇文章。所以,他把李商隐找来,拉着李商隐的手说:"我写文章的全部要领都教给你了,所以我相信这篇文章你能写得跟我一样好。"

后来，李商隐果然没有辜负令狐楚的希望，替他把这篇文章写得非常漂亮。随后，令狐楚便永远地合上了双眼。但是，让令狐楚一定没有想到的是，在他离开人世后没多久，他的儿子令狐绹就跟李商隐闹掰了。

◎ 李商隐的悲催——靠山山倒，靠水水流

是的没有错，令狐绹清楚地记得，父亲令狐楚在世的时候，曾经千万遍地叮嘱过他们，要待李商隐像亲兄弟一样。

但是后来的令狐绹别说是拿李商隐当兄弟，他连搭理李商隐都懒得搭理了。有人说，他这是忘了父亲当年说过的话。但令狐绹不这么认为，他拍着桌子大声地说："究竟是谁忘记了我父亲？"

那时的李商隐，正在家里热热闹闹地娶媳妇呢。

李商隐娶的这个媳妇，是河阳节度使王茂元的女儿。当这个喜讯传到令狐绹的耳朵里时，令狐绹一下子气炸了。

为什么李商隐娶个媳妇，令狐绹要生这么大的气呢？

要回答这个问题，就必须从中唐时期闹得最凶的牛李党争说起。

唐宪宗时期，令狐楚在朝里做翰林学士，他有个好朋友，就是我们前面曾经提到过的李逢吉。李逢吉做宰相的时候提拔过一个叫牛僧孺的人，是后来牛党的代表人物。

令狐楚是牛党的人，他这一辈子的起起落落，也全是随着牛李两党的不断交替在颠簸：李党占上风了，他就被排挤，被贬谪；牛党占上风了，他又马上被提拔，被重用。

因此对于他的儿子令狐绹来说，心里自然是怨恨李党的，毕竟

他们当年整过他的父亲。

可是现在,李商隐的新任老丈人王茂元,却是个实打实的李党派。所以令狐绹想不通,李商隐娶王茂元的女儿做老婆,他到底是没长脑子呢,还是真的忘恩负义?

那一年的李商隐还很年轻,不到三十岁的年纪,刚刚在令狐楚的斡旋之下进士及第,没想到老爷子撒手人寰了。

李商隐一下子就蒙了。

前面我们说过,在唐朝,要想从考场进入官场,仅仅进士及第是远远不够的,他还得再通过一场吏部的考试。可就在这个紧要的关口上,令狐老先生却走了,顾不上他了。这下李商隐的靠山没有了,别说是考试,就连吃饭都成了问题。

就在这个时候,李商隐有个叫韩瞻的好朋友给他介绍了一份工作,让他去王茂元那里打个临时工。

这个王茂元年轻的时候就一直跟着李党的代表人物李德裕,是李德裕一手提拔上来的高级干部。按说李商隐应该考虑一下这层关系的,这可是个非常敏感的站队问题啊。但那个时候的李商隐可想不了那么多,或者是为了生计,或者是过于单纯,根本就没有政治意识,总之他毫不犹豫地就直接去投奔了王茂元。

没想到,王茂元一见到李商隐,就跟当年令狐老先生见到他时一模一样,喜欢得不得了,不仅给他安排了工作,而且还把自己的女儿嫁给了他。

这是公元838年发生的事情,距离令狐楚老先生去世刚刚过去一年。史书上说李商隐"俱无操持""诡薄无行",大概指的就是他这个乱站队乱认爹的行为吧。

虽然名声臭了，可李商隐毕竟在第二年就顺利通过了吏部的考试，从此当了官。但他这官却当得并不怎么顺，因为处理不好上下级关系，任性的李商隐一封辞职信寄上去，他不干了。

> 黄昏封印点刑徒，愧负荆山入座隅。
> 却羡卞和双刖足，一生无复没阶趋。

李商隐的这首辞职诗写得潇洒极了，他说那些整天在衙门里保管大印、在监狱里清点囚徒的工作，他再也不想干了。如果再让他干这些，他宁愿像那位给楚王献玉而被砍了脚的卞和一样，至少以后不用在这衙门的台阶前忍受着屈辱来回奔波了。

这诗写得果然很任性。

但此时李商隐的任性是有底气的，因为他有老泰山嘛。可是谁知道这孩子实在是个靠山山倒、靠水水流的倒霉蛋，他辞职没多久，老泰山王茂元也死了。

待业青年李商隐的生活又一下子没有了着落。他在长安四处投简历，却四处都碰壁。因为大家都觉得他这个人缺少团队忠诚度，很有可能随时变换队伍，所以谁也不用他。

于是，这个时候就有人给他出主意，为什么不回过头去找找令狐家的人呢？

◎ 无论你走多远，我们永远是兄弟

李商隐是一定找过令狐绹的。

> 曾共山翁把酒时，霜天白菊绕阶墀。
> 十年泉下无人问，九日樽前有所思。
> 不学汉臣栽苜蓿，空教楚客咏江蓠。
> 郎君官贵施行马，东阁无因再得窥。

这是李商隐的《九日》诗。

写这首诗的那一天，正好是九月九日重阳节，长安已是遍地的金黄。李商隐登高远望，想起自己当年在令狐楚身边和老爷子一起饮酒赏秋时的情景，忽然就非常地想念令狐楚了。

是啊，如果老爷子还在，此时的他一定不会像现在这样狼狈，像只没头的苍蝇一样飞到哪儿，就在哪儿碰壁。

他的这首诗里有一句"不学汉臣栽苜蓿"，借用的是张骞出使西域的典故。张骞从西域带回来了苜蓿的种子，从此种在了汉家的土地上，于是"栽种苜蓿"便有了引进人才的意思。李商隐在这里用到这个典故，大概就是想说令狐绹怎么就不能像老爷子当年那样看重他这个人才呢？

如此看来，他或许有找过令狐绹，但令狐绹没理他，所以他才酸溜溜地说，他只能像屈原当年一样，自己写诗，自己欣赏了。

李商隐这话说得分明是有些怨气的，他认为令狐绹哪怕是看在令狐楚的份上都应该帮帮他。可是现在呢？

"郎君官贵施行马"，这个"行马"，指的是官府或者是富贵人家门口摆放的路障，是一种权贵的象征。李商隐到了令狐家门口，看到大门紧闭，两架行马威严地挡在大门外，对他完全是一副拒之千里的样子。于是，他只能"东阁无因再得窥"，轻叹一口气，看起来这里的一切，如今都和自己没有什么关系了。

令狐绹知道门外站着的是曾经和自己亲如兄弟的李商隐，到底要不要为李商隐打开这扇大门呢？

令狐绹左右为难。

此时已是宣宗皇帝即位，在牛李两党的争斗中，牛党开始有了绝对的优势，李德裕被罢免，白敏中做了宰相，白敏中是牛党的人。宣宗问他："当年安葬宪宗皇帝的时候，路上正好遇着风雨，其他人都去躲雨了，只有一位老人家护着宪宗的棺椁，那人是谁啊？"

白敏中回答说："正是令狐楚。"

皇帝又问："他有孩子吗？这样的好人，一定要善待他的后人。"

就这样，令狐绹出现在了宣宗的面前，他做考功郎中，总管百官的绩效考核，是个非常厉害的角色。

这样看来，他此时为李商隐在官场上谋个前程，是件再容易不过的事情了。

但，李商隐却是王茂元的女婿，或许令狐绹可以不怪罪李商隐在政治的大是大非面前选择站在了他父亲的对立面，可他却没有办法在牛李两党的政治斗争中，去帮助一个对手的女婿。

令狐绹的心里好纠结……

公元843年，李商隐待业家中。有一天，他接到了一封信，打开一看，李商隐大吃一惊，因为给他写信的不是别人，正是令狐绹。

大概真是李商隐的那一句"曾共山翁把酒时，霜天白菊绕阶墀"，让令狐绹想起了当年和李商隐一起在父亲身边时的情景，那时，他们可真是亲如兄弟啊。而那些年朝夕相处的情感，又岂是说忘记就能忘记的呢？

接到这封信以后，李商隐也很是感动，他马上回了首诗给令狐绹：

> 嵩云秦树久离居，双鲤迢迢一纸书。
> 休问梁园旧宾客，茂陵秋雨病相如。

李商隐这首著名的《寄令狐郎中》就是这个时候写给令狐绹的。此时的李商隐，再也没有了写"不学汉臣栽苜蓿，空教楚客咏江蓠"的怨气，他或许是理解了令狐绹的处境，或者是接受了自己因为缺少政治头脑而带来的这场命运悲剧，所以这首诗他写得非常平静，不卑不亢，完全像是写给一个拉家常的好兄弟。

那时他和令狐绹一个在长安，一个在洛阳，所以他说"秦树"和"嵩云"分开得太久啦，但可喜的是，自己还能接到来自长安的书信，他就已经很高兴了。因此，他劝慰他的这位老大哥说："我已经这样啦，像当年司马相如病卧在他乡时一样，您不必挂念我啦。"

看起来，兄弟二人自此修好，并且时有书信往来。后来，李商隐跟着一个叫郑亚的人在桂州工作的时候，令狐绹还从遥远的湖州写信慰问李商隐，李商隐更是给他回了一首长长的五言诗：

> 望郎临古郡，佳句洒丹青。应自丘迟宅，仍过柳恽汀。
> 封来江渺渺，信去雨冥冥。句曲闻仙诀，临川得佛经。
> 朝吟支客枕，夜读漱僧瓶。不见衔芦雁，空流腐草萤。
> ……

所以有很多人都说，令狐绹在李商隐的问题上做得太过绝情了。甚至还有人说，李商隐一辈子在官场上郁郁不得志，有很大一部分的原因，在于令狐绹的排挤和打击。

这话说得确实有些冤枉令狐绹了。

毫无疑问，李商隐是个非常出色的诗人。传说晚年的白居易读了他的诗，佩服得五体投地，直说"来世若能投胎给李商隐做儿子，那我也值了"。

说明他的诗确实写得好。

但李商隐明显不是块当官的料。他是一个完全没有政治嗅觉的人，甚至在牛党的势力正在蒸蒸日上的时候，还选择追随了那个叫郑亚的人去桂州。

而这个郑亚却是李德裕的亲信，属于李党。所以没过多久，郑亚被贬，李商隐又一次失业了。

你说，他这靠山山倒、靠水水流的命运，真的要怪别人吗？

> 朋友圈

杜牧
夜已深，烛将烬
点点滴滴
多像那个垂泪的人……

10分钟前

♡ 李商隐，牛僧孺，李敬方，秋娘

牛僧孺：洗洗睡吧，年轻人。

张祜回复牛僧孺：理解理解，毕竟我们也曾年轻过。😂

杜牧回复张祜：多情却似总无情，唯觉樽前笑不成。接个龙吧。🙏

张祜回复杜牧：哈哈，这年轻人的游戏，老夫如今玩不了啦。😂

杜牧回复张祜：就跟你好像没玩过似的。🥺

牛僧孺回复杜牧：那时他年轻。

杜牧：🥺

张祜已经很久没有和杜牧玩过写诗接龙的游戏了。

虽然今天，他在杜牧的朋友圈里看到那句"多情却似总无情，唯觉樽前笑不成"的诗句时，很想顺着意思接一句，可他没有这么做。

还是不去献这个丑了吧。

有人说他写的诗都是雕虫小技，还有人说他写的诗啥也不是。

张祜想，或许在这个时代，再也找不到一个能够真正欣赏他的人了。

> 可就在这个时候，他收到了杜牧发来的一条私信：老哥人老诗不老，玉手金钗佳人笑。
>
> 张祜看完就乐了。
>
> 杜牧的这句打油诗，让张祜想起了他们两个第一次见面时的情景，那时的他们多快乐啊。

因为有诗，一切皆可跨越——杜牧与张祜

◎ 张祜与他的《何满子》

张祜至今都记得，他与杜牧第一次相遇时的情景。那时，他去扬州旅游，正赶上扬州文化界要举办一场沙龙酒会，张祜自然是要参加的。

刚一入场，张祜就看见一位长相十分俊秀的年轻人正坐在酒桌前玩骰盘令，年轻人的对面，有一位非常漂亮的酒伎在替他掷骰子。酒伎的手法看起来相当娴熟，只见骰子在她的拨弄之下灵活地跳来跳去，但却始终不见她的一双玉手。这是她的伎俩，将手藏在长长的衣袖里，欲露不露，反倒增添了一种神秘而诱惑的味道，看得年轻人的心里直痒痒。

年轻人用手碰了一下酒伎的袖子，他想试探性地去拉一拉酒伎的手。谁知酒伎的手向回一缩，仿佛一只兔子似的，"出溜"一下逃进袖筒里去，藏得更深了。

周围的人哄堂而笑，年轻人有些尴尬，于是念了句诗：

> 骰子逡巡裹手拈，无因得见玉纤纤。

"姑娘啊，就不能让我看看你的一双纤纤玉手吗？"年轻人的心里真是有些焦急了。

这一切，都被张祜看在了眼里。于是，他悄悄地坐在年轻人的身旁，低声地对年轻人说了句什么。年轻人恍然大悟，他突然站起来，伸手拔了酒伎头上的一只钗丢在地上说："妹妹，你的钗掉了。"

酒伎无奈，只好弯腰去捡，一双玉手怯生生地伸出来，正好被年轻人捉住了。

这位年轻人，就是扬州城里风流倜傥的杜牧。此时，他是打心眼里佩服张祜，感叹姜果然还是老的辣。

那么张祜在杜牧的耳边到底说了什么呢？

他说：

> 但知报道金钗落，仿佛还应露指尖。

看起来，这张祜年轻的时候，一定也是位撩妹高手啊。

张祜大了杜牧将近二十岁，当他还在酒肆里跟酒伎玩酒令的时候，杜牧还是个小娃娃呢。那个时候的张祜，论长相，也是风流倜傥；论才华，更是诗书文章无所不能。唐朝诗人里，他算得上是一位高产诗人，留下了许多非常优秀的诗作，其中最有名的，应该是这首《宫词·何满子》。

> 故国三千里,深宫二十年。
> 一声何满子,双泪落君前。

唐朝写《宫词》的诗人实在是太多了,比如顾况的:

> 玉楼天半起笙歌,风送宫嫔笑语和。
> 月殿影开闻夜漏,水晶帘卷近秋河。

还有白居易的:

> 泪尽罗巾梦不成,夜深前殿按歌声。
> 红颜未老恩先断,斜倚薰笼坐到明。

这些《宫词》写得好不好呢?

当然也是很好的。

但是他们无论是写宫人生活的孤独寂寞,还是写她们的凄凉悲惨,都是只选取了宫中生活的某一个场景来展开直面描写的。

比如顾况,他选取的场景是玉楼,是月殿,是水晶帘,非常贴近宫人生活的场景。而白居易则直接写一位失宠的宫人坐在薰笼旁边打瞌睡,也是十分具象的描写。

而张祜这首《宫词》就不一样了,他在开篇就拉开了偌大的时间与空间"故国三千里,深宫二十年"。这位女孩子离开家乡有多远了呢?有三千里。她在深宫里多少年呢?是二十年。背井离乡的孤苦,还有深处皇宫的寂寞与无望,再不需要任何的语言去讲述,这"三千里"与"二十年"中就已尽数体现了。

那么这个女孩子后来的结局又是怎样的呢?

张祜仍然不会直接告诉你,他只说"一声何满子,双泪落君前"。

什么是"何满子"?

何满子原本是一位宫人,不知道犯了什么错误要被判处死刑。临死以前,她曾希望创作一首新的曲子来感动皇帝。但曲子写出来了,人还是被处死了。

所以,这首《何满子》里倾诉的便是一位宫人满腹的委屈与哀怨。她曾经多受君王的宠爱啊,可是后来,宠爱没有了,只剩下了无尽的冷落与屈辱。如今一行行眼泪落在君王的面前,而君王却无动于衷,他早把当年的恩爱忘得一干二净了。

此诗一出,立即就火遍了大江南北,当然也就传到了大诗人白居易的耳朵里。

有一段传说,讲白居易在杭州做地方官,他听说开元寺里的牡丹花开了,就带着手下去寺里赏牡丹。突然,白居易发现寺壁上题着一首《题开元寺牡丹》的诗,一打听,作者是位叫徐凝的诗人,于是立即派人把徐凝找了来。正当两个人打算饮酒赋诗的时候,远处,又有一位诗人走来了。

此人正是张祜。

白居易一见张祜,立即就想起了那首《宫词·何满子》,心里忽然就有了一种说不出的滋味,他自己也是写过宫词的,为什么就没有人家张祜的那首火呢?于是,他马上就有了一个主意,让张祜跟徐凝现场比诗打擂台。

可以想象，这场比赛的结果，当然是徐凝第一，张祜第二。

张祜很是不服气，他对白居易说："一首诗根本说明不了问题的，我有那么多的好诗，哪一个拿出来，都比徐凝的好。"

白居易听了哈哈一笑，对张祜说："你的诗如果跟王维比，那我不敢做评判，但如果跟徐凝比的话，我看还是人家徐凝写得好。即使是你的那首《宫词》，我看也写得不咋样。"

白居易为什么这么看不上张祜的诗呢？

我想可能最主要的原因，还是文人相轻。这两个人都写过《宫词》，就像天下所有的父母都觉得自己的孩子比别人家的漂亮一样，诗人自然也总是觉得自己的诗写得要比别人好。所以，白居易在这儿憋着劲地就是要告诉张祜："虽然你的《宫词》是很火，但在我看来，确实写得不咋样。"

当然这可能只是白居易看不上张祜诗的原因之一，或许还有一个更重要的原因，是因为他的好哥们儿元稹。

◎ 在扬州，一场浪漫的遇见

要说元稹和张祜的故事，就得先说令狐楚。

一个偶然的机会，令狐楚读到了张祜的诗，立即就喜欢上了。他对张祜说："你赶紧准备好你的作品，我要把你推荐给皇帝。"

那时的皇帝是唐穆宗。我们前面讲过，在穆宗的身边有一个特别受宠幸的男团组合叫"三俊"，其中一位就是元稹。

所以，当穆宗拿到了张祜的诗，马上就把元稹找来，让他给点评点评。可是元稹看完以后,却给皇帝说了四个字:雕虫小技。

元稹根本就没有看上张祜的诗。

有人说,他这是嫉贤妒能;还有人说,或许元稹是真的欣赏不来张祜的诗。

但这里面还有个最重要的原因,那就是张祜的推荐人。张祜是令狐楚推荐上来的,令狐楚跟李逢吉是好朋友,却跟元稹是死对头。所以你说,元稹又怎么可能会在皇帝面前为张祜说句好话呢?

这或许会成为日后的白居易轻视张祜诗的另一个原因,毕竟他和元稹一辈子同声相和,元稹爱的,他都爱;元稹不爱的,他从不说一句好。

但却委屈了张祜,他只好写诗发牢骚:

> 一闻周召佐明时,西望都门强策羸。
> 天子好文才自薄,诸侯力荐命犹奇。
> 贺知章口徒劳说,孟浩然身更不疑。
> 唯是胜游行未遍,欲离京国尚迟迟。

张祜说,尽管自己是像李白遇到贺知章一样地遇见了令狐楚,但最后却还是落得像孟浩然一样的命运。

孟浩然是什么样的命运呢?

> 红颜弃轩冕,白首卧松云。

孟浩然一辈子没有当过官。

现在，张祜也要步孟浩然的后尘了，既然朝廷里无人欣赏，那么不如从此浪迹于天涯，买醉于酒馆。

所以，张祜跟孟浩然一样，做了一辈子的平民诗人。

但杜牧就不一样了。

杜牧从年纪轻轻的时候起，就比张祜幸运太多。因为杜牧遇到的是吴武陵和崔郾，而不是元稹和白居易。

公元828年早春的一个午后，翰林学士吴武陵像往常一样下班，他骑着他的那匹老马走在大街上。忽然，他听到有几个年轻学生在朗诵一篇非常美妙的文章，立即就被吸引住了：

> 六王毕，四海一；蜀山兀，阿房出。覆压三百余里，隔离天日。骊山北构而西折，直走咸阳。二川溶溶，流入宫墙。五步一楼，十步一阁；廊腰缦回，檐牙高啄；各抱地势，钩心斗角。

这文章写得实在太美了，听得吴武陵如醉如痴，他赶忙跑上前去，问那几个年轻的学生这是篇什么文章。

年轻的学生告诉他说，这是杜牧的《阿房宫赋》。

谁是杜牧？这位高人此时在哪儿呢？

学生们回答他说，这位杜牧先生刚刚参加完科举考试，此时正在长安等通知呢。吴武陵一听，立即掉转马头就去找崔郾了。

崔郾是那一届科举考试的主考官，也是吴武陵的好朋友。吴武陵一见着他，二话不说，就给他念杜牧的《阿房宫赋》。念完，他问崔郾："你告诉我，你活了这么大岁数，见过比这更好的文章吗？"

崔偃也听得入迷了,他说他阅卷无数,确实还没有见过这么好的文章。

"既然如此,那就给个状元吧。"吴武陵说。

可是这下崔偃为难了,因为状元已经内定了。

"那第三名总可以吧?"吴武陵步步紧逼地问。

"第三名也已经内定了。"崔偃挠着头,很是为难地说。

"那就第五名,我再也不能让步了。"吴武陵急了,感觉如果崔偃再不答应,他非跟崔偃断交不可。

"这个绝对可以有。"崔偃说。于是两个人当场拍板,就这样,杜牧在那一届科举考试中,果然以第五名的好成绩榜上有名。

当张祜遇到杜牧的时候,已是杜牧榜上有名五年以后的事情。那时的杜牧正在扬州工作。扬州是个好地方,有繁华,有风月,还有漂亮的女子,这些都令年轻风流的杜牧如鱼得水。

所以,张祜看到他的时候,他正在跟一个酒伎纠缠着,酒伎不让他拉小手,他却非要拉拉酒伎的小手。张祜以一位资深撩妹高手的身份给杜牧出了个主意,两个人就此相识,并且相聊甚欢,一见如故。

这一年,杜牧三十一岁,张祜四十九岁。

◎ 因为知音难觅,所以不分年纪

此后的杜牧经历着他官场之路上的兜兜转转,从扬州到洛阳,从洛阳到宣城,再从宣城回到了长安,后来又去池州当刺史了。

当张祜听到这个消息的时候,他高兴坏了。

此时距离杜牧和张祜扬州一别，已经过去了整整十年。杜牧一路在做官，张祜一路在旅游，当他听说杜牧要来池州当官的时候，他正客居在丹阳，距离池州非常近。所以，他马上就有了一个计划——他要去会会这位老朋友。

现在，我们先来确定一下这两位好朋友各自的地理坐标。

杜牧在池州，位于今天的安徽；张祜在丹阳，位于今天的江苏，这要是放在现在，开车也不过几小时的路程。但一千多年以前的张祜，却是一路沿江乘着一艘小船去看杜牧的。

小船荡荡悠悠的，行驶到江心一个叫牛渚矶的地方，望着浩渺的江面，张祜忽然想到了一个问题，此时的他不过一个平民老百姓。可杜牧呢？杜牧是池州刺史，相当于市长一级的人物，他还会像当年那样跟自己饮酒作诗，推心置腹吗？

张祜犹豫了，毕竟他们已经十年没有再见面了。所以，他当即就给杜牧写了首诗：

> 牛渚南来沙岸长，远吟佳句望池阳。
> 野人未必非毛遂，太守还须是孟尝。
> 江郡风流今绝世，杜陵才子旧为郎。
> 不妨酒夜因闲语，别指东山是醉乡。

这首诗张祜写得很谦逊，他把自己说成是"野人"，意思是说他没有功名也没有官场职务，但他还是希望杜牧像平原君和孟尝君赏识人才一样地赏识他，跟他做朋友。因为他是非常欣赏杜牧的，他在评价杜牧的时候用了"绝世"这个词，那就是天下第一，再没有人比杜牧更好了。所以,张祜很期待此次的相逢,希望他们还能和从前一样,一起把酒言欢,彻夜闲谈。

事实上,张祜在船上的担心完全是多余的。当他在江边见到杜牧以后,杜牧待他,依然是十年前的样子,一点儿也没有摆市长的架子,像个老朋友一样地和张祜紧紧地拥抱在一起。

之后,张祜便把他写的诗拿给杜牧看了。杜牧看完以后,很是感慨,马上又给张祜回了一首诗:

> 七子论诗谁似公,曹刘须在指挥中。
> 荐衡昔日知文举,乞火无人作蒯通。
> 北极楼台长挂梦,西江波浪远吞空。
> 可怜故国三千里,虚唱歌词满六宫。

张祜的诗里夸赞杜牧,说杜牧是天下第一。现在,杜牧夸张祜,那就是建安七子再加一个曹植都比不过的人了。只是这么优秀的一个人,他写出了"故国三千里,深宫二十年"那么好的诗,却一生都不能得到朝廷的重用,这真是太不公平了。

所以,杜牧写给张祜的诗,除了赞叹,更多的还有惋惜,这一下子戳中了张祜的心。虽然十年不见,但最懂他、最看重他的,还是杜牧。

这才是真正的知音啊。

第二天,恰逢重阳节,两个好朋友在池州的齐山上登高远眺,畅谈人生,他们都感受到了这一生从未有过的欢乐。所以,杜牧说:

> 尘世难逢开口笑，菊花须插满头归。

两个人玩得太开心了，他们暂时忘掉了生活中的烦恼，头上插满菊花，在齐山顶上开怀大笑。突然一阵风来，吹落了张祜的帽子，杜牧摇着醉醺醺的身体，乐呵呵地跑下山去给张祜捡帽子。这情景让张祜很是感动，于是他也写诗回赠杜牧说：

> 不堪孙盛嘲时笑，愿送王弘醉夜归。

张祜在这句诗里借了两个典故，一个讲的是东晋有个叫孟嘉的人，也是在九月九日这天和桓温大将军登山远游，因为风太大，把孟嘉的帽子吹掉了，可孟嘉却不知道。桓温为了捉弄他，就让一个叫孙盛的人写文章嘲笑他。张祜跟杜牧游齐山，正好风也把张祜的帽子吹掉了，所以他便在此用了这个典故。另一个典故同样是在九月九日这一天，东晋的陶渊明坐在家门口的篱笆底下，正馋酒呢，可是家里却一滴酒也没有了。正在他十分郁闷的时候，江州刺史王弘正好给他送酒来了。张祜给杜牧的诗里借用了这个典故，是想对杜牧说："好兄弟啊，虽然我一无所有，但我还是希望能成为那个你想要喝酒的时候，来给你送酒喝的人。"

但在杜牧的心里，张祜可不是一无所有的。张祜的诗，就是张祜最大的财富，而令杜牧不能理解的是，为什么还有那么多的人不承认张祜的才华呢？

> 睫在眼前长不见，道非身外更何求。

> 谁人得似张公子，千首诗轻万户侯。

在这首《登池州九峰楼寄张祜》诗里，杜牧用了一个非常形象的比喻来讽刺像白居易和元稹那些轻视张祜的人，眼睫毛近在眼前，但眼睛就是看不见。意思是即使像张祜这样有才的人到了他们的面前，他们也未必能识得。

其实有很多人对杜牧也是有看法的，认为他在牛李两党之间总是像墙头草一样地来回摇摆。但他对张祜的感情，却是自始至终从未改变过的。他欣赏张祜那"千首诗轻万户侯"的艺术精神。而张祜欣赏杜牧是个"江郡风流今绝世"的诗界奇才。

在杜牧和张祜的交往中，纯粹到除了诗，便是因诗而结下的深厚的友谊。这世间，唯有这一份纯粹是最无价的，像难得的美玉一样，弥足珍贵。

> **朋友圈**
>
> **杜牧**
> 如果有一种可能，
> 让我这辈子都留在扬州，我也是愿意的。
> 因为"春风十里，不如有你"，说的一定是扬州，
> 可惜我要回长安了。
>
> 7分钟前
>
> ♡ 牛僧孺，张好好，张祜
>
> 杜颛：哥，你这样不好，会让领导以为你不想回长安的。
>
> 杜牧回复杜颛：那又怎样？
>
> 牛僧孺回复杜牧：这个机会不是所有人都能有的，要懂得珍惜。回去以后，要好好工作，再不敢到处浪了。
>
> 杜牧回复牛僧孺：我一直都是好青年。😅
>
> 牛僧孺回复杜牧：私聊。

　　杜牧发了条朋友圈，却引来牛僧孺一大堆的私信。

　　牛僧孺说的全是杜牧这几年在扬州干的那些荒唐事儿，这让杜牧非常意外，他一直都以为牛僧孺不知道。

　　没想到牛僧孺竟然知道得一清二楚，却从未在他面前提过半个字，这让杜牧不禁眼眶一热，他知道老牛待自己好，但没有想到，老牛待自己原来这么好。

　　十年一觉扬州梦，赢得青楼薄幸名。

　　他一直以为，在这场扬州梦里，最应该感谢的，是那

些陪伴他一起度过醉酒之夜的女伎，还有与他把酒言欢的哥们儿。

但他现在觉得，这一场扬州梦里，他最应该感谢的人，应该是牛僧孺。

牛李之间，究竟谁为鸷巢——牛僧孺、李德裕与杜牧

◎ 杜牧的扬州梦

杜牧的第一份工作，是在沈传师的江西团练府里做巡官。那时的牛僧孺在鄂州。沈传师派杜牧去拜访牛僧孺，这应该是他们的第一次会面。

这一年，杜牧三十岁，而牛僧孺已经年过半百，看起来和蔼可亲，待杜牧很是客气周到。后来，皇帝要调牛僧孺到京城去做官，杜牧还给牛僧孺写了一首赠别诗：

> 汉水横冲蜀浪分，危楼点的拂孤云。
> 六年仁政讴歌去，柳绕春堤处处闻。

这应该是杜牧写给牛僧孺的第一首诗，显然这是一首赞美诗，赞美牛僧孺把鄂州这地方治理得非常好。牛僧孺看了自然欢喜，从此记住了这位会写赞美诗的年轻人。

于是才有了他们的第二次见面。

那时的牛僧孺在做淮南节度使,办公地点就设在扬州。他到扬州以后,马上就给沈传师写信,要把当年曾给他写诗唱赞歌的年轻人调到身边来。

就这样,杜牧到扬州了,在牛僧孺的手下做了一名掌书记,主要是处理一些文案的书写工作,平时并不太忙,那么多的业余时间,杜牧该去哪里度过呢?

扬州,有太多的地方让杜牧打发时间了。

唐代的扬州,地处长江和运河的交汇处,四通八达,经济相当繁荣。有句诗说"天下三分明月夜,二分无赖是扬州",就连美丽的月色都会贪恋这扬州的夜晚,更何况正值青春且风流倜傥的杜牧呢?

杜牧好像天生就是个情种,像贾宝玉一样喜欢漂亮的女孩子,他在江西沈传师那里做巡官的时候,就曾经特别喜欢一个叫张好好的女伎。后来张好好被沈传师的弟弟纳了小妾,杜牧为此还伤心了好一阵子。不想多年以后,沈弟弟却把张好好抛弃了。当杜牧再一次与张好好相遇的时候,张好好的日子过得相当艰难,为了维持生计,只好在一家小酒馆里当卖酒女郎。

杜牧一见,心里有些难过,他给张好好写了首诗:

洛阳重相见,婥婥为当垆。怪我苦何事,少年垂白须。
朋游今在否,落拓更能无?门馆恸哭后,水云愁景初。

想当年的张好好那么光彩照人，现在却过得如此落魄，这可真是把杜牧伤心坏了，忍不住就在酒馆的门口"恸哭"起来了。

可见，杜牧还真是位十分重情的男人呢。

如今他在扬州，江南水乡，漂亮的女孩子就更多了，这让杜牧怎么看都看不够，怎么爱也爱不够，风流事做了一桩又一桩。他一直都以为他的这些事做得滴水不漏，根本没有人知道。

直到有一天，上面突然来了一纸调令，要调他去洛阳做侍御史。临行前的一晚，牛僧孺给他摆饯行宴，酒过三巡，菜过五味，牛僧孺忽然语重心长地拉着杜牧的手说："小杜啊，以后你不在我身边了，万事都要小心些，尤其是你的那股子风流劲儿，一定得收一收啊。"

杜牧听了，揣着明白装糊涂地说："我哪儿风流过啊，瞧我这么老实。"

牛僧孺并没有再接他的话，而是叫人拿来了一只木头匣子递给杜牧说："你打开来自己看看吧。"

杜牧一时有点丈二和尚摸不着头脑，这匣子里装着什么宝贝呢？

打开一看，他当时就傻眼了。

匣子里面装的并不是什么宝贝，而是厚厚的一沓小纸条。杜牧随便抽出一张来看，上面写着：某年某月的某一天，杜书记在某个酒馆，一切正常；他再取出一张来，上面写着，某年某月的某一天，杜书记在某个姑娘家里，一切正常；再取出一张来，上面写着的还是这样的内容……

一张一张地抽出来看，这简直就是杜牧在扬州两年的风流踪迹统计图啊。

老牛您这样做到底啥意思呢?是在跟踪小杜书记吗?

当然不是。

牛僧孺知道杜牧风流的本性,也知道扬州这风月场上什么样的人都有。杜牧初来乍到,虽然颜值极高,但体格文弱,一旦遇到什么麻烦可就要吃大亏了。所以这两年里,牛僧孺总是在杜牧的身边安排二三十个"便衣",无论杜牧去哪儿快活,这些人都在一旁暗中保护着。他们会随时随地写张便条,把杜牧的消息递送给牛僧孺说:"小杜书记此时是安全的。"

牛僧孺每次看完以后,放下心来,就会随手便把这些条子收集在一只匣子里,此时全都呈现在了杜牧的眼前。

杜牧当时真是又感动又羞愧,一时竟不知道该说些什么,他在心底里暗暗地发誓,绝不辜负牛僧孺对自己的这一片苦心,以后一定规规矩矩做人,老老实实上班,争取把那个爱逛酒馆的毛病给改掉吧。

◎ 当风流才子遭遇政治风云

杜牧真的能在牛僧孺的劝说之下,改了他风流的毛病吗?

在回答这个问题以前,我们先来看看杜牧的这两首赠别诗:

> 娉娉袅袅十三余,豆蔻梢头二月初。
> 春风十里扬州路,卷上珠帘总不如。

大概他刚刚从牛僧孺给他摆的饯行宴上出来没多久，就又来同这位十三四岁的女孩子告别了。这女孩子是他在扬州认识的一位歌伎，长得非常好看，在杜牧的眼里，扬州城里所有的女孩子加起来，都不如这位歌伎漂亮。

所以，他可真是舍不得和她分开啊，所以他继续为她写诗说：

> 多情却似总无情，唯觉樽前笑不成。
> 蜡烛有心还惜别，替人垂泪到天明。

两个人面对面坐着，想起马上就要分别了，谁都难过得说不出话来。桌上的蜡烛在悄悄地燃烧着，融化着，蜡液一点一点地落下来，在杜牧看起来，就好像是在为他们的分别而难过似的。

杜牧是多情入骨的，也是风流成性的，这种长在骨头里的多情与风流，又怎么可能因为牛僧孺的一句劝诫就改了呢？

所以，有关他的江湖韵事，流传得实在是太多了。

有一段传说，讲杜牧在洛阳做侍御史的时候，他听说有个叫李愿的官员，家里蓄养的女伎一个比一个好看，就老想着找个机会到李愿家里去瞧瞧。

可李愿却从来不请他。

他是李愿的上司，哪个当下属的敢让上司知道自己家里养着一群漂亮的歌伎？

所以，李愿每次家里办酒会都不请杜牧。杜牧这下着急了，直接找人给李愿带话，说他马上就要到李愿的家里去了，让李愿只管把漂亮的歌伎准备好就是了。

李愿哪里懂得他这位领导的心？看漂亮的女孩子，对于杜牧来说，是一种莫大的人生享受。

还有一段传说，讲的是大和末年，公元 835 年前后，杜牧在湖州出差，又遇到了一位十三四岁的姑娘，这姑娘又一次深深地吸引了他。他发现，他遇到真爱了。

在与姑娘你侬我侬了一段时间之后，杜牧要回京城去了。姑娘当然舍不得啊，拉着杜牧的手问："你什么时候回来？"

杜牧算了算时间，对姑娘说："十年，你最多等我十年的时间，我一定会回来娶你的。"

姑娘默默地松了手，望着杜牧的背影一点点消失在路的尽头，她并不知道，这路的尽头对于她来说是相思邈邈，可对于杜牧来说，却是另一段情缘的开始。

这个时候的杜牧，怕是早就把牛僧孺当年教导他的话忘在脑后了。而牛僧孺再也不能替他安排些"便衣"来保护他的安全了。

因为此时的牛僧孺，已是自身难保。

中晚唐时期最著名的牛李党争，在这个时候已经闹得沸沸扬扬。各派系的代表人物在这一场政治争斗中此起彼落，无论哪一派的势力在朝廷里占了主导地位，总是想着办法地排挤和打击另一派。

但是有件奇怪的事情，作为曾经特别受到牛僧孺栽培和喜爱的对象，杜牧竟然获得李德裕的赏识，这大概和李德裕的用人政策有一些关系：

朝廷惟邪正二途，正必去邪，邪必害正。然其辞皆若可听，愿审所取舍。

李德裕这话的意思是说，只要是心怀正义的人，提出的政治论点确有可取之处，那他也是很愿意接受这些人的。在他看来，杜牧是位很有才华的年轻人，所以他把杜牧调进长安了。

而此时，那位曾经关照过杜牧的牛僧孺，却要被贬去襄州了。

一对故人，在长安重逢。当杜牧看到牛僧孺第一眼的时候，他很吃惊地发现，牛僧孺好像一夜之间就老了许多，只见他满头白发，落魄得如秋风中的落叶一样无助又凄凉。

"我这一走，就不打算再回长安了，也许，我们以后都不会再见了。"牛僧孺低沉着声音对杜牧说。

杜牧的眼眶有些发热，他很想对牛僧孺说些什么，可一时又找不到合适的话语，到底是安慰呢？还是话别呢？还是感恩呢？

杜牧自己也不知道，他此时的情绪非常复杂。于是，杜牧走到桌案前，提起笔，为牛僧孺写了一首《送牛相出镇襄州》。

在这首诗里，杜牧除了安慰牛僧孺不必为此刻暂时离京而心灰意冷以外，再一次盛赞了牛僧孺的政绩，说他是"德业悬秦镜，威声隐楚郊"。但我相信，此时杜牧最想说的，还是他对牛僧孺的一片感激之情。

他是这样说的：

> 拜尘先洒泪，成厦昔容巢。

在这句诗里，杜牧借用了"拜尘"这个典故，说的是晋朝的潘岳为了讨好贾谧，每次见到贾谧的车子来了，都要拜倒在车前，直到车子远远地离开了才起来。这叫"拜尘"。

杜牧的意思是说他对牛僧孺虽然并无讨好之意，但也愿意拜在牛僧孺的脚下，而且，未拜之前，他就已经先落泪了。

为什么呢？

因为杜牧对牛僧孺怀着深深的感恩之情。牛僧孺曾经给他搭建了那么好的一个平台，就像是为他建了一座大厦似的让他有了栖身之地。所以，他说"成厦昔容巢"。

但是现在，牛僧孺就要离开了，显然他再也不可能成为杜牧政治上的倚靠。那么偌大的长安城，究竟还有没有一棵大树，可以成为杜牧的另一个倚靠呢？

◎ 迟到的醒悟，找不回的时间

杜牧以为，在牛僧孺离开以后，他唯一可以倚靠的人只能是李德裕了。因为此时的李德裕，在政治上正当红。因此当李德裕安排他去黄州的时候，他虽然心里不乐意，但嘴上还是说着"可以可以"。

他在写给李德裕的信里是这样说的：

> 虽为远宦，适足自宽。

这话的意思是说，他被安排到这个远离京城的黄州来工作其实也挺好的。但你可千万不要被他这表面文章糊弄了，你得听听他在别人那里是怎么说：

> 会昌之政,柄者为谁?恣忍阴污,多逐良善。牧实忝幸,亦在遣中。

什么是会昌之政?

会昌是唐武宗李炎的年号,李德裕此时正在朝里做宰相,杜牧说他在此期间外放了很多良善之人,而自己正好就在其中。

这分明是在抱怨李德裕嘛。

可为什么杜牧写给李德裕的信里,话又说得那么好听呢?这里面的道理,凡是打过工的人都知道。

领导说:"今天晚上加会儿班吧。"

你心想,今天晚上正好约了女朋友看电影。

领导问:"怎么,有问题吗?"

你赶忙摆手说:"没问题,没问题。"其实心里有一万个不愿意。

可为什么你还是给女朋友打电话推掉了约会,老老实实坐在办公室里加班呢?因为你得让领导知道,你是个任劳任怨的好员工。

杜牧的心思也是这样的,他想让李德裕知道他对李德裕是百分之百忠诚和拥护的。

所以尽管他远在黄州,但还是会不停地写信给李德裕,不停地给李德裕唱起了赞歌。一会儿说"庙堂之上,事在相公",一会儿又说"太尉当轴,威德上显"。即便是李德裕把他从黄州又调去更为偏远的池州了,杜牧对李德裕的幻想依然如童话一般,他仍旧给李德裕写信唱赞歌:

> 虽九官事舜,十人佐周,校于太尉,未可为比。

这个赞歌唱得就更有高度了,直接连老祖宗都搬了出来。意思是说,当年舜帝手下的官员,还有辅佐周王朝的名臣,他们全都没办法跟李德裕比。

可即便是此刻的杜牧极尽展现他高唱赞歌的本事,好像都白费功夫了。因为仅仅一年以后,李德裕就下岗了。

李德裕下岗的原因,是因为欣赏他的武宗皇帝突然去世了,而继位的宣宗皇帝,有点儿不买李德裕的账。

所以,李德裕的宰相当不成了,新宰相白敏中开始掌握朝里的大权,杜牧一看,马上又给白敏中写信唱赞歌了。

这回的赞歌杜牧唱得非常有技巧,他采用了侧面描写的方法,把自己的老婆都搬了出来。他说他老婆最近总是在他的耳边念叨:"听说白宰相人特别好,也特别懂得珍惜和培养人才,这对于像你这样的读书人来说,可真是个好时机,你还有什么不开心的呢?"所以他老婆每天都催着他去京城拜访白宰相。

可是尽管杜牧的赞歌唱得这样好,白敏中却没有搭理他,反而再一次把他从池州调往更为偏远的睦州去了。

这回,杜牧可能真的是死心了。他大概直到此时才真的相信,他再也找不到像牛僧孺那样爱护他重视他的好领导了。

可是如今说这些,都已经没有任何意义了。此后不久,牛僧孺去世。杜牧得知消息以后无比悲痛,他把他对牛僧孺的思念与感激付诸笔端,极具深情地为牛僧孺写了一篇墓志铭。

在这篇墓志铭里,杜牧提到了李德裕。但此时他笔下的李德裕,再不是当年那个"威德上显"的李德裕了:

李太尉志必杀公,后南谪过汝州,公厚供具,哀其穷,为解说海上与中州少异,以勉安之,不出一言及于前事。

在这里,杜牧说当年李德裕一直想要杀牛僧孺,可后来李德裕也倒霉了,被贬到汝州,遇见了牛僧孺,牛僧孺看他可怜,就给他置办了许多生活用具,还一直很是关照他,对于之前的事情只字不提。

杜牧提到的这件事情到底是不是真的并不重要,重要的是杜牧写这件事情时的态度,他之前是一直给李德裕大唱赞歌的,可是为什么现在突然不仅不给李德裕唱赞歌,反而把李德裕说成是一个"志必杀公"的小人呢?

这正是很多人认为杜牧有人格缺陷的地方。杜牧想巴结李德裕,让李德裕重用他的时候,他就一路赞歌地歌颂李德裕。此时李党失势,正是牛党当权,所以他又开始诋毁李德裕,却跑到牛僧孺的坟头为牛僧孺大唱赞歌了。

但我一直都以为,此时的杜牧,站在牛僧孺的墓碑前,是真的只想要表达他对牛僧孺的敬慕与思念,除此之外,再也没有任何政治目的了。杜牧好像突然明白了一件事情,这么些年,他在牛李党争之间极力地伪装着自己,极力地想要讨好当权派,现在看起来都好虚伪。而在他的心里真真实实流淌着的,一直都是他和牛僧孺之间那份深厚而难忘的情谊。

之后,他回到长安,写了份请调报告,主动申请外调到湖州。

不知道是不是因为他突然想起了传说中的那位姑娘?他当年曾

对姑娘说过,他要去娶她。

只是此时,距离他们分开,已经过去了整整十四年。

见到姑娘的时候,姑娘已经为人母。她说:"不是我不等你。你当年说,你十年必回来。"

杜牧望着她拖儿带女的样子,无奈地一笑,转身,一边唱着诗,一边独自黯然地离开了:

> 自是寻春去校迟,不须惆怅怨芳时。
> 狂风落尽深红色,绿叶成阴子满枝。

一辈子都在追寻着繁华似锦,可一辈子却什么都没有落着。

你说,这究竟是因为什么呢?

> **朋友圈**

崔璞
两载求人瘼，三春受代归。
原以为能在苏州多待几年的，
哪曾想到，
一张调令，来得比江南的春天还要快……

10分钟前

♡ 牛僧孺，魏朴，李穀

皮日休：先生真的要走吗？

崔璞：抱歉了。🙏🙏🙏

司马都回复皮日休：你不会也要走吧？

皮日休回复司马都：走，或者不走，目前还是个问题。😌

　　皮日休现在很郁闷。

　　领导崔璞上个月才表扬了他，说他工作干得不错，还说把这个季度干完，就要给他升职加薪呢。

　　可这话才说了没几天，就有消息说崔璞要被调走了。

　　皮日休一开始还不太相信，直到他今天早上看到了崔璞的朋友圈，他才知道这一切都是真的。

　　现在，他是真想大哭一场啊。

　　什么加薪，什么升职，还有他的前程，到底会不会因为崔领导的离开而受到影响呢？领导没有说。

　　但皮日休知道，这一切全都没戏了。

身在江湖，难得一个知己——皮日休与陆龟蒙

◎ **进士及第 ≠ 有官可做**

　　皮日休知道，只要崔璞一走，自己离开的日子也就不远了。因为他在崔璞身边干的这份工作不过是个临时工，没有正式编制。崔领导被调走，新领导一上任，他的这份工作也就保不住了。

　　现在肯定有人要问了，这位皮日休先生当年不也是考中过进士吗？怎么会连个正式编制都没有？

　　说起皮日休的进士及第，这里面的故事可多着呢。

　　皮日休参加科举考试是公元867年的事儿，此时的大唐，已如西山薄暮，开始露出了衰败与混乱的气象。

　　别的都不提，就拿这个科举考试来说吧。

　　唐朝的科举考试有个很有时代感的现象，叫作"行卷"。就是考生在参加考试以前，先拿着自己写的诗文去拜访一些很有名望的人，得到他们的认可以后，他们就会在主考官那里推荐这位考生说："我觉得某某某还是很不错的，你阅卷的时候可以留意下。"

　　因为唐朝的科举考试试卷是不糊名的，糊名制是宋朝以后才有的事情。所以，唐朝的主考官只要见到了被推荐考生的试卷，心里就先入为主地已经给他高分了。

　　这种现象直到中唐时期依然非常流行，而且执行得也还算公平。

　　比如白居易当年找的是顾况。再比如朱庆馀，他找的是张籍。还有我们前面提到的李贺，李贺就是被吴武陵强力推荐给崔偓的。

　　但是，到了皮日休所处的晚唐，这种推荐人才的机制早就变味了。推荐人凭的再也不是考生的学识与才华，而是他的门第。

所以每次开榜，但凡是榜上有名的考生全都是有门路有后台的。至于寒门子弟，因为没有钱打通关系，所以就算他学得再好，文章写得再棒，最后还是名落孙山了。

后来时间久了，就有人发现了这个问题——明显是作弊嘛。所以为了掩人耳目，这些人就想了个办法，他们每次依旧是从官二代、富二代里选进士，但总是会给寒门子弟留上一两个名额。

可给谁留不给谁留呢？

他们又想了个办法，谁的姓特别，就把这个名额留给谁。

于是在公元867年的这一届考生里，他们看来看去，发现有个家境很普通的考生，他的名字叫作"皮日休"，"皮"这个姓很少见，那行，就是他吧。

就这样皮日休的名字排在了他那一届进士榜的最后一名。但你可千万不要以为，皮日休就是个靠运气混进来的人。凭他的学识，名次完全可以排得更靠前一些，甚至与第一名的郑愚并列都不在话下。

一开始，郑愚也没把皮日休当回事儿，因为这个皮日休的颜值确实不怎么样。据说，皮日休长得又黑又瘦，眼睛也特别小，其中一只还有眼病，总是眯缝着，像睁不开的样子。

所以，郑愚就嘲笑他，说他有才是有才，却可惜只有一只眼。皮日休一听，马上就回了他一句：侍郎不可以一目废二目。

皮日休这话的意思是说："郑先生啊，您不能因为我这一只眼睛，而连累得您两只眼睛都瞎了吧。"

郑愚无言以对，从此对皮日休敬重有加。

可尽管如此，皮日休的心里其实并不踏实。

> 雨洗清明万象鲜，满城车马簇红筵。
> 恩荣虽得陪高会，科禁惟忧犯列仙。
> 当醉不知开火日，正贫那似看花年。
> 纵来恐被青娥笑，未纳春风一宴钱。

这首诗是皮日休进士及第以后写给他的一位朋友的，题目叫作《登第后寒食杏园有宴，因寄录事宋垂文同年》。从他的这首诗里，我们完全找不到中了进士的皮日休有"春风得意马蹄疾，一日看尽长安花"一般的欣喜和快意。

非但没有，他好像还挺忧郁的。

照例，在寒食节这天，所有中了进士的人都要参加在曲江池畔举行的杏园宴。皮日休也去了，他看见了"恩荣虽得陪高会"，但他马上就"科禁惟忧犯列仙"。他总是怀着一种"纵来恐被青娥笑"的忧虑，因为"未纳春风一宴钱"。

因为他没有钱，也没有后台，所以此时的皮日休心里完全没有底。我们在前面已经说过很多次了，在唐朝想要做官，仅仅是进士及第根本没有用，皮日休还得参加一场吏部的考试。而这场考试的内容分为笔试和面试两部分。笔试考文才和学识，面试则要看考生的口才和长相。

但，皮日休显然对这场考试是没有信心的。第一他颜值不高，第二他没有后台。所以，皮日休后来根本没有通过这场考试，生活

就好像跟他开了个玩笑,刚刚给了他希望,马上又把这个美丽的希望给打破了:

> 画虎已成翻类狗,登龙才变即为鱼。

既然希望已经破灭,皮日休打算离开长安,南下去扬州找令狐绹。几年前他和令狐绹曾有过些交往,皮日休想去投靠他。谁知走到半路上正好遇到战乱,于是只好转往苏州去了。

在苏州,他遇到了苏州刺史崔璞。

崔璞一见到了皮日休,马上就把皮日休聘为他的私人秘书——这个岗位在当时叫作"幕僚"。上班头一天,皮日休就发现了一件非常开心的事情,他的老板崔璞虽然从政,但却十分热爱文学,所以总有一群诗人围绕在崔璞的身边,有司马都,有魏朴,有李縠,他们很快都成了皮日休的好朋友。

这一天早上,又有一位诗人找上门来了。

崔璞一见着此人欣喜不已。他对皮日休说,苏州固然是有很多的青年才俊,但他们所有人的才气加起来,都比不过这个人。

◎ 一刻不见,十分想念

崔璞向皮日休隆重介绍的这个人,正是陆龟蒙。

此人号称"江湖散人",他跟其他的诗人不一样,很少朝官府里跑,更不善于和人打交道。但当他听说,崔璞的衙门里来了一个叫皮日休的人,却马上拿着他的诗兴冲冲地跑来了。因为他早就听说过皮日休的名字,也读过皮日休的诗,他发现他和皮日休在诗歌创作上有着非常相近的风格与理念。

所以,他来了。

公元869年的夏天,正值八月,天气炎热,陆龟蒙的背上背着一个大篓子,里面装的全是他的诗作。

那天晚上,皮日休连夜读完了陆龟蒙所有的诗,他越读越喜欢,越读越兴奋,好不容易盼到了天亮,饭都来不及吃,就跑去找陆龟蒙了。

从此,两个人成了形影不离的好朋友。

"轮蹄相压至,问遗无虚月",陆龟蒙说他刚从皮日休家里回到自己家没多久,皮日休就跟着跑来了。

"半年得酬唱,一日屡往复",皮日休说在他们交往半年多的时间里,几乎每天都要来来回回好几次,不是你来我这儿,就是我去你那儿,干什么呢?互相送唱酬的诗歌。

所以干脆陆龟蒙就搬家了。

他在这一年的冬天把家搬到了一个叫临顿里的地方,距离皮日休的家很近。如此一来,皮日休就可以"半里芳阴到陆家,藜床相劝饭胡麻"了。两家只相距了半里来路,皮日休一路吟诵着他写给陆龟蒙的诗,很快就到了陆家。两人坐在床上,一边读诗一边吃饭,吃完饭以后,又携手去林间散步下棋,他们的友谊便是在这样的朝夕相处中日渐升华了。

只是快乐的生活里总是会有些意想不到的小麻烦,第二年的春天,皮日休的那双小眼睛生病了。但是他知道陆龟蒙正在计划着一场春游,却因为一直记挂着自己的病,陆龟蒙犹豫不决。

所以，皮日休写了首诗给陆龟蒙说：

> 野侣相逢不待期，半缘幽事半缘诗。
> 乌纱任岸穿筋竹，白袷从披趁肉芝。
> 数卷蠹书棋处展，几升菰米钓前炊。
> 病中不用君相忆，折取山樱寄一枝。

皮日休劝好朋友应该珍惜春天的好光景，该春游就春游，该野炊就野炊，千万不要因为记挂着自己而辜负了大好的春光。因为只要好朋友回来的时候给自己带一枝春天的山樱花，自己就已经看见春天了。

陆龟蒙接到了皮日休的诗，心中也是十分感慨的，随即就回了他一首诗说：

> 虽失春城醉上期，下帷栽遍未栽诗。
> 因吟郢岸百亩蕙，欲采商崖三秀芝。
> 栖野鹤笼宽使织，施山僧饭别教炊。
> 但医沈约重瞳健，不怕江花不满枝。

陆龟蒙劝皮日休说："你千万不要为了这点小毛病而忧心烦恼，安心养病，相信很快你就会看到五颜六色的江花开满树枝的。"

在苏州生活的那两年里，皮日休和陆龟蒙之间这种唱和诗非常多，因为他们是"半年得酬唱，一日屡往复"嘛。

像他们这样喜欢互相唱和的诗人，历史上有很多。这个写了前一首,那个一听觉得好,马上跟着再写一首,这叫作唱和,也叫酬唱。作为一种艺术交流形式,尤其在唐朝诗人中间非常流行。

比如,我们都熟悉王维的一首诗:

> 绛帻鸡人报晓筹,尚衣方进翠云裘。
> 九天阊阖开宫殿,万国衣冠拜冕旒。
> 日色才临仙掌动,香烟欲傍衮龙浮。
> 朝罢须裁五色诏,佩声归到凤池头。

这首诗的名字叫作《和贾舍人早朝大明宫之作》。因为一个叫贾至的人早上去上班,在大明宫门口写了一首《早朝大明宫》:

> 银烛朝天紫陌长,禁城春色晓苍苍。
> 千条弱柳垂青琐,百啭流莺满建章。
> 剑佩声随玉墀步,衣冠身惹御炉香。
> 共沐恩波凤池里,朝朝染翰侍君王。

大家都觉得这诗写得非常好,于是现场很多诗人都跟着和了,有杜甫,有岑参,还有王维。但他们的和诗,都是只围绕着贾至这首诗的意思来唱和,这是初唐直到中唐前期酬唱诗的特点。

可是后来,出现了一对特别喜欢相互和诗的好朋友,他们是白居易和元稹。这两个人觉得只是这样按照诗的意思唱和也太简单了,于是就给这种游戏加了一个难度,即按诗的韵脚来唱和。

这样的唱和诗白居易和元稹两个人也就是玩了玩,并没有形成多大的风气。可是皮日休和陆龟蒙这一对诗人却把这种按韵脚唱和诗的游戏玩到了极致,并且迅速在晚唐诗人之间流行开了。

那真是一段既浪漫又充满乐趣的时光啊。

他们在虎丘寺旁边一道美丽的山谷里,跟随着潺潺的溪流一起跳啊,唱啊,皮日休说:

> 鼓子花明白石岸,桃枝竹覆翠岚溪。
> 分明似对天台洞,应厌顽仙不肯迷。

陆龟蒙紧紧地跟随着他,马上就说:

> 树号相思枝拂地,鸟语提壶声满溪。
> 云涯一里千万曲,直是渔翁行也迷。

皮日休又说:

> 绝壑只怜白羽傲,穷溪唯觉锦鳞痴。
> 更深尚有通樵处,或是秦人未可知。

陆龟蒙就对:

> 荒柳卧波浑似困,宿云遮坞未全痴。
> 云情柳意萧萧会,若问诸馀总不知。

两个人就这样一唱一和,无论是诗的意境还是诗的韵脚,都是那么整整齐齐天衣无缝,就像他们两个人的友谊一样,完美到找不出一丝的缺憾与瑕疵。

◎ **此生只想与你在一起**

就在皮日休和陆龟蒙沉浸在他们互相唱和的美好时光里时,一件意想不到的事情发生了。

皮日休的领导崔璞要调离苏州了。

崔璞一走,皮日休知道,自己在苏州的日子也不多了。这一天,他邀陆龟蒙去游胥口,这个胥口是苏州一个非常优美的旅游景点,两个人泛舟湖上,湖面上飘着田田的荇花,竟然像是飘来了淡淡的愁思似的:

> 青翰虚徐夏思清,愁烟漠漠荇花平。
> 醉来欲把田田叶,尽裹当时醒酒鲭。

皮日休的这首诗里流露着的,是他与好友即将分别的感伤。但陆龟蒙此时反倒是比皮日休洒脱得多了,他说:

> 细桨轻挦下白蘋,故城花谢绿阴新。
> 岂无今日逃名士,试问南塘著屦人。

陆龟蒙这首诗里表达的,还是那么自由自在无拘无束的生活观，因为在陆龟蒙的心里，本就无得无失，无宠无辱。认识皮日休以前，他是那个穿着木屐，泛舟湖上的"江湖散人"；认识皮日休以后，他还是这个泛舟湖上的"江湖散人"。

但是他不知道，他的好朋友此时的心事，却与他已经全然不同了。

此时的皮日休，已经得到了一个新的机会，他要去长安城里上班。如此一来，他就不得不离开好朋友陆龟蒙，他们"半年得酬唱，一日屡往复"的浪漫生活，从此就要一去不返了。

皮日休到了长安以后，一开始只在著作局做了一名校书郎，但因为工作出色，他得到了一个升迁的机会，从校书郎做到了太常博士的位置上。

此时距离他离开苏州已经过去了五六年，在此期间，虽然他也经常和陆龟蒙有书信往来，两个人照样互相写诗唱和，但却从未见过面。

所以，皮日休非常想念他的这位好朋友，也非常怀念他们当年在苏州朝夕相处的日子。于是，他突然有了一个念头，为什么不让陆龟蒙来长安呢？自己现在好歹在太常寺上班，给陆龟蒙搞得功名，那还不是一件十分简单的事情吗？

主意拿定，皮日休立即写信给陆龟蒙，邀请他来长安参加科举考试。但陆龟蒙这个人自由散漫惯了，他从来都不曾把功名当过一回事，所以陆龟蒙的心里很犹豫：

云似无心水似闲，忽思名在贡书间。
烟霞鹿弁聊悬著，邻里渔舠暂解还。

> 文草病来犹满箧，药苗衰后即离山。
> 广寒宫树枝多少，风送高低便可攀。

他说像白云一样自由自在地生活不好吗？何况那功名是说得到就能得到的？

可皮日休却信心十足，他马上写诗给陆龟蒙打气：

> 十载江湖尽是闲，客儿诗句满人间。
> 郡侯闻誉亲邀得，乡老知名不放还。
> 应带瓦花经沔水，更携云实出包山。
> 太微宫里环冈树，无限瑶枝待尔攀。

皮日休说，陆龟蒙在姑苏悠闲的时间够长了，如今诗名满天下，也是到了该求取个功名的时候了。两个人还是一唱一和，还是那么天衣无缝，完美无瑕。

就这样，陆龟蒙在皮日休的鼓励之下出门上路了，两个好朋友在分别了五六年之久以后，终于就要见面了。

可偏偏天不遂人愿，就在陆龟蒙离开苏州不久，就遇到了王仙芝叛乱，通往长安的路断了，陆龟蒙只好又退回苏州，从此再未入长安。

这之后没多久，爆发了黄巢起义，皮日休成了俘虏。关于他的下场，流传着许多不同的版本，有人说他是被黄巢杀了，但也有人说他从黄巢那儿逃了出来。但不管是什么样的一种结局，皮日休与陆龟蒙从此再也没有见过面。

姑苏城里短短两年的时间，他们之间那场美好而浪漫的相遇相知，被定格在一部《松陵集》里，这是皮日休和陆龟蒙诗作的合集，里面收录着他们在苏州那段时间里全部的酬唱诗，其中有一句诗是这么说的：

> 从此共君游，无烦用冠带。

　　这大概应该算是皮日休和陆龟蒙最美好的心愿吧。

> **朋友圈**
>
> 钱镠
> 还是我江浙地方好，
> 草肥人美，物产丰盈，
> 不愧是人间天堂啊。😊
>
> 1分钟前
>
> ♡ 夫人
>
> 夫人：怎么心情这么好？
> 钱镠回复夫人：你猜？🌹
> 夫人回复钱镠：梦里又娶媳妇了？
> 钱镠回复夫人：比这美多了。😂

钱镠的心情今天格外好。

早上刚刚接到上面颁发的任命书，现在，他是镇海节度使啦，办公室就设在杭州，那里不仅风景如画，还富得流油。

重点在于，从此再也不用经常出差，可以天天回家陪老婆了。

钱镠越想心里越美，忍不住就发了条朋友圈。

钱夫人秒赞，两个人开始在朋友圈里旁若无人地撒起了狗粮。可就在这个时候，罗隐的短信来了，他让钱镠赶紧把这条朋友圈删了。

钱镠的心里老大不高兴，心想老罗你是看不得我们两口子如胶似漆吗？

> 不,罗隐的意思是有财不外漏,江浙再富,也得学会哭穷。
>
> 钱镠一听,恍然大悟。他果然没有看错人,罗隐确实比他有脑子,的确是个人才。

同心相知,当狂妄诗人遇到文艺将军——罗隐与钱镠

◎ 罗诗人的科举之路,苦得不可言说

罗隐当然是个人才。据说,他在很小的年纪时,就能写得一手好文章了。那个时候的罗隐最大的心愿,就是金榜题名,考个状元回来光宗耀祖。

对了,那时的他,名字还不叫罗隐,而是叫罗横。

二十多岁的年纪,罗横就背着行李离开钱塘老家,去往京城赶考了。

可惜出师不利,他没考上。

第一次落选,对于初出茅庐的罗横来说,根本构不成打击。很快,他就调整好心态,参加了第二次的科举考试。

结果又落选了。

这一次,罗横有一点小失落,不过也在意料之中。他对自己说,可能是这次发挥得不够理想,下次一定好好努力。

于是从公元860年到867年，罗横一共参加了六次科举考试，结果都没有考中。这回罗横是真的受到打击了，他决定暂时放弃考试，去游历祖国的大好河山，顺便调整一下心态。

公元874年，他又一次信心满满地走进考场，还是没考上。

公元877年，他再考，依然没考上。

从罗横第一次进入考场至此，已经过去了整整十五年，他总共参加了十次科举考试，结果一次都没中。那个在中国古代科举考场上著名的"十上不第"，指的就是他。

罗横开始怀疑自己的能力了。难道说他真的是个学渣吗？

可是，他明明写了一本叫作《馋书》的杂文集，像一颗重磅炸弹一样在晚唐文化圈里掀起了热烈的反响，好评如潮，几乎没有人不说作者是人才的。

他写的诗，成了街头巷尾的流行曲，上到身居高位的宰相，下到闺房里的千金，无人不知无人不唱。

可为什么就是在科举场上连连受挫呢？

或许真是生不逢时吧。

此时的大唐朝早已没落，社会阴暗，政治混乱，就连科举场上也是怪相丛生。别的都不说，仅就"行卷"这一条路，罗横根本就走不通。

前面我们刚刚介绍过，"行卷"作为大唐人才推荐机制里一项非常好的政策，到了晚唐时期，早就变成拉关系走后门的代名词了。

没有后台，没有钱，谁会帮你打点这层关系呢？

可是，偏偏罗横既没有后台，也没有钱。他是个普通家庭里走出来的穷孩子。有一天，他徘徊在长安城外，看到荒野里生长着许多不知名的小花，突然，他就想到了他自己，于是便写了首诗：

> 若在侯门看不足，为生江岸见如闲。
> 结根必竟输桃李，长向春城紫陌间。

是啊，他这朵小花哪儿能比得了那些长在有钱人家花园里的鲜花呢？

可是罗横忽略了一个问题，其实他这朵小花并不是没有被人关注过，而且被关注的程度其实还相当高呢。

其中有一回，有人已经在皇帝面前提到他了，说他确实很有才华，完全可以委以重任。

但，宰相韦贻范却坚决不同意这个说法。

韦贻范听说罗横的名字不是一天两天了，他知道罗横这个人，也看过罗横写的书，还接到过罗横写给他的自荐信。

或许韦贻范一开始还真是觉得罗横很不错，可有一次韦贻范外出，正好看到罗横在一群人当中高谈阔论。看到韦贻范来了，有人提醒罗横说："您小点儿声，有当官的来了。"

可罗横根本不在乎，哈哈一笑，说："当官的又怎样，我拿脚趾夹支笔写出来的文章都能比他的强。"

韦贻范一听，眉头立即就皱了起来，二话没说掉头就走，从此在心里认定了罗横是个非常狂妄的人，根本不堪重用。所以当其他人向皇帝推荐罗横的时候，韦贻范第一个站出来反对。

韦宰相一反对，其他人都不敢说话了。

但罗横如果只是狂妄，或许还情有可原，毕竟读书人的骨子里，多少都有点小轻狂。可接下来我们要讲的这件事情，罗横可就是犯了大忌了。

那一年科举考试，罗横的试卷答得真是棒极了，连昭宗皇帝看了都连声叫好。他问旁边人："你们说，给这个叫罗横的人一个状元怎么样？"

旁边马上就有人说话了："不不不，此人虽说是有点儿小才华，但他政治立场有问题。"

"什么问题呢？"

"他骂过您祖上。"

皇帝一听，面露不悦，心想居然敢骂我祖上，说来听听：

> 楼殿层层佳气多，开元时节好笙歌。
> 也知道德胜尧舜，争奈杨妃解笑何。

没有错，这确实是罗横写的诗，只有四句话二十八个字，却把老李家的人得罪完了。罗横说，李隆基不好好当皇帝，整天就知道哄杨玉环开心。话都说到这份上了，你觉得老李家的皇帝们还能给他功名吗？

所以，罗横"十上不第"的命运，大约有一半的原因在于他的贫寒，另一半的原因，便是因为他的狂傲与出言无忌。

罗横心想罢了罢了，已是人过中年，既然自己真的与科举无缘，干脆从此退隐江湖，不再对仕途抱有任何的幻想。

所以，连名字都改成"罗隐"了。

◎ **陌上花开,是钱镠对老婆最深的爱**

当罗横成为罗隐之后,他再也不想进考场了。

但生活还得继续,所以当务之急,罗隐需要找一份工作来维持生活。当时,唐末名将高骈的身边正好缺人手,罗隐就去了。不过据说,高骈觉得罗隐长得太丑了,所以并不怎么重用他。

罗隐真的丑吗?

有个传说,讲的是宰相郑畋家的女儿有一天读到罗隐的诗,简直陶醉得不得了:

> 张华谩出如丹语,不及刘侯一纸书。

"这是得有多么气度不凡的诗人才能写出如此绝妙的诗句呢?"郑家千金如此想。她在闺房里每天都拿着罗隐的诗爱不释手,居然就害起相思病来了。

她给郑爹爹说,如果不把这位罗诗人找到家里来,她的病可能再也好不了了。

郑爹爹心疼女儿,只好找人去请罗隐。

郑千金好开心,一大早就把自己梳洗打扮了一番,然后藏在屏风的后头,望穿秋水似的,等着罗隐的到来。

望着望着,她看到一个长相极丑的男人出现了。

"这人是谁啊?"她问。

郑爹爹回答她说:"这就是你要找的罗诗人啊。"

郑千金当时就感觉仿佛一盆凉水从头顶一直浇到了脚后跟,简直凉透了。怎么这位诗人会长得这么丑呢？

从此以后，不管是谁在她的面前提起罗隐，她都连连摆手说太丑，再也不想见这个人了。

这段最早的"见光死"有可能是传说，但罗隐相貌丑陋却是真的。

颜值不高，性格太狂，这样的人，科举场上求不来功名，在社会上又能不能找到一份好工作呢？

大概罗隐自己也没有信心了。

就在这个时候，有人对他说，他有个老乡叫钱镠，此时正在杭州当官，罗隐或许可以去试试运气。

说起这个钱镠，罗隐是知道的。黄巢杀入浙东的时候，这位钱将军就曾经以少敌多大胜黄巢，堪称一员猛将。

可会打仗的人一般都是大老粗，他能看得上罗隐这样的读书人吗？

当然看得上。

钱镠虽然带兵打仗，但他可不是大老粗。有个特别有名的故事，讲的是钱镠的老婆钱夫人有一年回娘家去了，从冬天一直待到了来年的春天。钱镠思念夫人，想催她早点儿回来，可是转念一想，她好不容易回去一趟，如果写信催她，会不会惹她不高兴呢？

于是，钱镠就给夫人写了封信，这封信后来被称作是中国历史上最美的家书：

> 陌上花开，可缓缓归矣。

他说，田野里的花儿都开了，如果你想家，那就回来吧。不过要回也不要心太急,一路赏着花,一路缓缓地回来吧。

钱镠写给老婆的这封信,纸短情长,欲催不催。他没提相思一个字,可尽是相思意。所以就有人说,钱镠不仅是个好男人,而且还是个非常出色的文学家。

说他是好男人,因为他很能设身处地为老婆着想。

说他是位出色的文学家,是因为他把文字里那种欲说不说的弦外之音拿捏得实在太好了。

大概也正是因此,罗隐打算来钱镠这里试试运气了。

来之前,罗隐依然一副狂妄而不羁的样子,他给钱镠写了首诗:

> 一个祢衡容不得,思量黄祖谩英雄。

这诗写得又是非常没礼貌。

罗隐在这句诗里提到了一个叫祢衡的人,就是击鼓骂曹的那一位。祢衡的好朋友孔融把他推荐给曹操,他在酒席宴上脱得一丝不挂,抡着鼓槌一边敲鼓,一边把曹操骂了个狗血淋头。

曹操被气得牙根都痒痒,为了眼不见为净,就把祢衡送给了刘表,结果祢衡对刘表依然很是不礼貌。刘表没办法,转而又把他送给了黄祖。到了黄祖那儿,祢衡照样天天骂人,结果就被黄祖给杀了。

罗隐写这诗给钱镠,大概是想告诉钱镠说:"你看着办吧,我是和祢衡一样的人,有才气,但也爱骂人。容得下我你就容,容不下我,不如你也把我送给一个像黄祖那样的人?"

口气依然很狂妄。

◎谢谢你,给了我最美的一段光阴

虽然罗隐给钱镠的诗写得非常没有礼貌,可是钱镠看完以后,却并没有生气。他给罗隐回了封信,信里有句话是这样说的:

> 仲宣远托刘荆州,盖因乱世;夫子乐为鲁司寇,只为故乡。

这话的意思是说:"王粲当年来荆州投靠刘表,是因为身处乱世;孔夫子愿意做鲁国的司寇,是因为那里是他的故土。"

所以说,钱镠不仅是个好男人,而且还是个很好的文学家。他这话说得实在是太漂亮了——你罗隐不是说你像祢衡吗?不,在我的眼里,你是像王粲和孔夫子一样的圣贤之人。你像王粲投靠刘表一样地来投靠我,是因为你和他一样遇到了乱世;你和孔夫子愿意留在鲁国一样地愿意留在江浙,是因为鲁国是孔夫子的故乡,而江浙,也是你的故乡。

入心的文字,真诚的情感,一下子把罗隐击中了。狂妄诗人在文艺将军的面前,诗人被折服了,从此收起他那一副狂傲不羁的模样,一心一意跟着钱镠做事情。

那个时候的大唐,已是强弩之末,叛唐的旗帜此起彼落,到处兵火连天。钱镠因为平叛有功,被朝廷嘉奖晋升,一跃成为江浙一带的封疆大吏。钱镠高兴,马上让人写了封感谢信,一谢朝廷对他的厚爱,二表他们江浙的富庶繁华。

他把这封感谢信拿给罗隐看,当时心里可能还觉得挺美的。没想到罗隐看了以后,却反问他说:"你是嫌你在江浙的日子过得太安生了吗?"

钱镠不解,啥意思啊?

罗隐告诉他说:"你在这封信里,把江浙写得那么富庶,如果让朝廷里那些不怀好意的人看了,不打你的主意才怪呢。"

钱镠一听,恍然如悟。

所以后来罗隐便将这封信的内容大致改成了"天寒而麋鹿常游,日暮而牛羊不下"的模样。意思是江浙地区虽然不是那么有钱,但好歹日子也能过得去。不扬,不抑,恰到好处。

钱镠看了喜出望外,从此就更加喜爱罗隐的文才了,整天把罗隐带在身边,让他给自己做副手,很多军政大事也都愿意听取罗隐的意见。

当时杭州有一项政策,渔民无论打没打着鱼,都得向政府缴纳税收。这种税收名叫"使宅鱼",害得老百姓苦不堪言。但这苦钱镠是不知道的,因为他整天坐在办公室里,很少了解百姓烟火。

但罗隐就不一样了。

罗隐天天在坊间喝茶吃酒,很快,他听到了老百姓抱怨的声音。有一天,他去钱镠的办公室聊天,正好看见墙上挂着一幅《磻溪垂钓图》,于是他想挖苦人的毛病就又犯了。

"好画。"罗隐说。

"就是缺首题头诗。"钱镠说。

"这还不容易嘛。"罗隐正在找机会呢,钱镠自己倒送上门来了。于是罗隐提笔就写道:

吕望当年展庙谟,直钩钓国更谁如。若教生在西湖上,也

> 是须供使宅鱼。

吕望，就是曾经在渭河边钓鱼的姜子牙。

肯定会有人问，姜子牙为什么又叫吕望呢？

因为在很早很早以前，古人的姓和氏是分开的。他首先会有一个大的氏族，比如姜子牙的氏族，就是"吕氏"。

在"吕氏"之下，又会有不同的家族姓，比如姜子牙他们家，就是"吕氏"之下的"姜"姓——他姓姜，名尚，字子牙。因此有的时候被叫作"姜尚"，有的时候又被叫作"吕尚"，还有的时候被叫作"姜子牙"。

但无论"姜尚"，还是"吕尚"，还是"姜子牙"，都是同一个人，包括"吕望"这个名字，说的还是他。

据说，周文王第一次见到姜子牙以后，非常高兴，当场说了一句话：

> 自吾先君太公曰'当有圣人适周，周以兴'。子真是邪？吾太公望子久矣。

周文王的意思是说他突然想起了他们家老祖宗曾经说过一句话，将来一定会有一位圣人帮助大周走向兴旺昌盛。而这个姜子牙一定就是老祖宗说的那个人，而他们老祖宗盼望姜子牙，已经盼望得太久了。

于是从此以后，姜子牙便有了"太公望"的别号，他名字里的"望"字自此而来。

言归正传。

罗隐在这首诗里把姜子牙端出来的意思是说，你钱大将军厉害啊，发明了个使宅鱼的税收政策，如果当年姜子牙也来西湖钓鱼，虽然他一条鱼都没钓上来，是不是也得给你交税钱呢？

钱镠一听，当时脸就红了。他知道这是罗隐在挖苦他，可是他非但没有生罗隐的气，还马上下令取消了使宅鱼的税收政策。

这可能就是罗隐能与钱镠相交多年的原因，罗隐能对钱镠有啥说啥，而钱镠也能接受罗隐的出言不忌。

直到一个叫朱温的人出现。

罗隐和钱镠处在一个乱世，朝廷的命运与个人的命运都瞬息万变。公元 907 年的一场血雨腥风，这个叫朱温的人结束了李唐王朝的命运。从此，朱梁王朝拉开了时代的序幕。

朱温来找钱镠，他对钱镠说："你只要听我的，我就封你做吴越王。"

此消息一出，可是急坏了罗隐。

罗隐一直都以为自己是痛恨大唐王朝的，因为他们没有给过他哪怕一寸的立足之地。但直到这个时候，罗隐才知道，原来他一直都深深地热爱着大唐，他不能眼睁睁看着大唐就这样覆灭。

所以他给钱镠说，跟姓朱的对着干，救救大唐吧。

可是这一次，钱镠没有听他的。

钱镠有他自己的打算，他只有十万人马，他干不过朱温。另外，也是最关键的一个原因，钱镠早就对大唐失望了。现在，朱温封他做吴越王，让他统管江浙，那就相当于一个独立的小王国，这有什么不好吗？

他给罗隐说:"我做吴越王,至少封你做大夫,也是荣华富贵啊。"

罗隐听了,默默地一笑,什么也没有说。这一次,他好像连挖苦钱镠的力气都没有了。就在钱镠接受大梁册封的那一天,他一个人悄悄地离开了,去了一处深山无人的地方,开始修道炼丹,从此不问世事。

钱镠来看他的时候,两个人相对无言,仿佛恍如隔世。或许钱镠的心里一直都想问一句:"老罗,你怪我吗?"

老罗静静地微笑着,他曾说过:

> 不是金陵钱太尉,世间谁肯更容身。

在全世界都抛弃了他的时候,钱镠给了他一生中最美好的一段光阴。有了这一段最美的光阴,对于罗隐来说,他觉得已经十分幸福了。

> **朋友圈**

郑谷
昨天晚上连夜看完了贞白兄的诗集,
感觉眼睛都快瞎了,
但心却更亮了。👍👍👍

10分钟前 ⋯

♡ 王贞白,韦庄,李栖远,秦稻玉

王贞白:直须天上手,裁作领巾披。🙏🙏

郑谷回复**王贞白**:天手裁文章,还须大和尚。哈哈!

罗隐回复**郑谷**:大和尚的手只裁别人家的,谁也别想动他的。🤢

贯休:我的需要别人动吗?😏

    贯休知道,罗隐和王贞白这会儿正在郑谷的朋友圈里拿他说事呢。

    他们说,贯休不喜欢别人随意改动他写的诗。

    可哪位诗人又不是这样呢?

    一字一句,字字句句,那都是诗人的心血,凭什么要交到别人的手里,让别人去修修剪剪的。

    那不就跟自己生了个娃,却凭着别人想怎么打扮就怎么打扮一样吗?

    虽然贯休是和尚,虽然他从来没有生过娃,可他写诗啊,诗就是他的娃,你看这些娃们一个个都那么好看、那么优秀,用得着别人动手来打扮吗?

一字之师,成就一生至交——贯休与王贞白

◎ **会写诗的和尚,运气不会差**

贯休说,他从不喜欢别人对他的诗动手动脚,那是因为贯休的诗写得确实好。虽然他从未考过进士,而且还是个出家人,但这一点儿也不妨碍他成为一位非常出色的诗人。

在唐朝,出家人是个特别吃香的职业,社会地位非常高。因为在当时的老百姓看来,出家人都是能与神灵直接对话的人,他们可以为百姓祈福消灾,可以驱邪避祸,所以无论走到哪儿,出家人都特别受尊重。

于是便会有很多人家愿意把自己的孩子早早地送到寺院里去,比方说贯休的爸爸妈妈,他们在贯休七岁的时候就让他出家了。

那个时候,与贯休同寺的还有个小僧僮,名叫处默,论年纪还大了贯休几岁,但却和贯休特别投缘,两个人经常在功课之余互相对诗。你一句,我一句,一句比一句工整,一句比一句绝妙,听得寺院里的师父们全都目瞪口呆,不约而同地想,他们这个寺院里未来怕是要出两名诗僧了。

果然,贯休和处默后来都成了写诗高手。

前面我们讲罗隐,说他是位很狂妄的诗人,谁都瞧不上,谁都敢挖苦。可是当他在杭州听到有人念了一首诗后,简直佩服得无话可说:

路自中峰上,盘回出薛萝。

> 到江吴地尽，隔岸越山多。
> 古木丛青霭，遥天浸白波。
> 下方城郭近，钟磬杂笙歌。

罗隐当时就想："好一句'到江吴地尽，隔岸越山多'，这不正是我的感受吗，可我怎么就写不出这么好的句子呢？"

一打听，才知道这首诗的作者不是别人，正是当年和贯休一起对诗长大的处默。

而要说起贯休来，那就更厉害了。

公元859年，贯休云游在荆湘一带，遇到了当时赫赫有名的罗浮先生轩辕集。

轩辕集在唐朝末年是个非常有名的人物，据说他能驱毒龙猛兽，还懂长生不老之术，所以武宗皇帝非常敬重他，把他请到长安城里，让他教自己长生不老的秘诀。

可是，武宗皇帝还是没过多久便去世了，看来长生不老的秘诀并没有对他起到多大的作用。不知道是不是轩辕先生因此受到了打击，他说什么也不肯留在长安了。

离开长安以后，轩辕先生打算去往岭南一个叫作罗浮山的地方潜心修道，路过荆湘一带，受到了当地文化圈里的热情接待，他们给他举办文化沙龙，还为他写了好几百首的赞美诗，一时间很是热闹。

这一天，来了个年轻的僧人，他说他的名字叫贯休。

轩辕先生一听，这名字闻所未闻，本来并不打算接见的。但一听这个叫贯休的年轻僧人会写诗，那就请进来试一试吧。

> 玉房花洞接三清，谩指罗浮是去程。
> 龙马便携筇竹杖，山童常使茯苓精。
> 曾教庄子抛卑吏，却唤轩皇作老兄。
> 再见先生又何日，只应频梦紫金城。

据说，贯休此诗一出，当地诗人们全都封笔了。

为什么呢？

因为他们觉得，贯休的这首诗写得比他们的都要好，有贯休在，他们都不好意思写诗了。

那一年的贯休，只有二十八岁，诗写得已经无人能敌。所以若干年以后，他凭着一首小诗就得到了蜀王王建的厚待，也就不是什么奇怪的事情了。

这段故事发生在公元901年，此时的贯休年近古稀，而大唐也正摇摇欲坠，到处都是战火，民不聊生。贯休听说，只有蜀地山水幽奇，一方无事，于是从湖北进三峡，过秭归，经重庆来到了成都。当时正赶上唐昭宗封王建做蜀王，贯休就写了首贺诗给王建：

> 河北江东处处灾，惟闻全蜀勿尘埃。
> 一瓶一钵垂垂老，千山千水得得来。

这首诗写得非常巧妙，看似在夸蜀地的和平安定，但更多的是表达了贯休不远千里一路入蜀的心愿。

王建一看，立即就喜欢上了。

王建是个非常爱才的人。晚唐著名诗人韦庄，就是写下"人人尽说江南好，游人只合江南老"的那位，此时就在蜀地，并且深受王建的重用。

现在贯休又来了，王建非常高兴，他不仅赐给贯休紫袈裟，还让贯休住进了成都的东禅院，从此对贯休恩宠有加。

而贯休对于自己在蜀地的生活更是相当满意，他写诗说：

> 我昔不幸兮遭百殛，苍苍留我兮到好时。

贯休至此，也算是因为一首好诗而过上好日子了。

◎ 当热血青年遇到没落王朝

贯休遇到了王建，就像是罗隐遇到了钱镠一样的好运气。但奇怪的是，当贯休遇到钱镠的时候，事情好像就没有那么顺心如意了。

有段传说，讲贯休在去往蜀地以前，原本是打算投奔钱镠的。所以，他也给钱镠写过一首诗：

> 贵逼人来不自由，龙骧凤翥势难收。
> 满堂花醉三千客，一剑霜寒十四州。
> 鼓角揭天嘉气冷，风涛动地海山秋。
> 东南永作金天柱，谁羡当时万户侯。

这诗摆明了是在夸钱镠的。尤其是那一句"一剑霜寒十四州"，七个字就把钱镠的英武神勇写得活灵活现了。文艺将军钱镠是识货的，他当然看得出这首诗的好，拿在手里不停地念，可念着念着，他突然发现有什么地方不对劲了。十四州，不，这绝不是他钱镠的终极理想，他要的地盘比这大多了。

于是，钱镠派人来找贯休，他们跟贯休商量说："您这诗哪哪儿都写得好，可就一点，十四州太小家子气了，能不能改成四十州，这样既不伤您这诗的味道，还能讨我家将军的高兴。"

贯休一听，送了他八个字：

> 州亦难添，诗亦难改。

意思是你们将军想占四十个州不容易，想让我改句诗，更不容易。钱镠的手下只好威胁贯休说，这诗如果他不改的话，那这里他怕是待不成了。

贯休听了呵呵一笑，又送了他十个字：

> 余孤云野鹤，何天不可飞。

这意思也就是我们常说的"此处不留爷，自有留爷处"，贯休走了。他宁愿放弃有"人间天堂"之称的苏杭之地，也不愿意改他诗里的一个字。所以每次当我读到他的这段传说的时候，就总也忍不住地想起他的好朋友王贞白。

现在说起王贞白这个名字，知道的人可能会很少，但在晚唐时期，王贞白却是位非常著名的诗人。他有句名诗，直到今天我们大家都非常熟悉，那就是每当老师和家长教育我们要珍惜时间的时候，最爱说的一句话：

> 一寸光阴一寸金

对，就是这句"一寸光阴一寸金"，它的原创作者，正是这位晚唐时期的诗人王贞白。

王贞白跟贯休是很好的朋友，但他们的人生之路却大不相同。

贯休从小就出家了，而王贞白却是正正经经通过读书而走上仕途的。小伙子二十岁就中了进士，但却偏偏不走寻常路，又跑去战场上摸爬滚打了好几年。但也就是在这几年里，让王贞白的诗名大噪，他的边塞诗突然间照亮了晚唐的诗坛。

提起边塞诗，人们想到最多的，是初唐以及盛唐时的那些诗人的名字，像王之涣，像王昌龄，像岑参，像高适。他们诗中所表现的那些开疆扩土的激情与金戈铁马的豪气，似乎到了晚唐，全都销声匿迹了。晚唐，像即将坠入西山的太阳，找不到一丝丝的朝气。内乱、外患，让大唐处处都充满着颓废与堕落，纵然是战场，也再找不到当初的雄浑与斗志。至于边塞诗，表达出来的也全都是一些悲凉之气。

但，王贞白是个例外。

> 对阵云初上，临城月始悬。
> 风惊烽易灭，沙暗马难前。
> 恩重恒思报，劳心屡损年。

> 微功一可立，身轻不自怜。

王贞白并不回避战争的残酷与战场环境的恶劣，但他也依然胸怀为国立功的理想和誓死杀敌的信念，这在晚唐的边塞诗里是很少见的。

因为王贞白对晚唐政治还抱有希望，他还没有看出来，或者说他还不相信他的朝廷早已日薄西山，没有什么希望了。所以，当他从战场上归来的时候，依然对朝廷充满信心：

> 雨露及万物，嘉祥有瑞莲。香飘鸡树近，荣占凤池先。
> 圣日临双丽，恩波照并妍。愿同指佞草，生向帝尧前。

你看，此时的王贞白还在怀着一颗赤胆忠心，想象着他的朝廷能像雨露一样地关照世间百姓，想象着他能在这样的朝廷里，惩奸除恶，干一番大的事业。

可能真是希望有多大，失望就有多大吧。

没过多久，王贞白就发现自己以前的想法真是太天真了。虽然他雄心万丈，很想有一番作为，可是皇帝的身边每天只围着一群奸佞之人，他们把皇帝哄得团团转，王贞白根本连边儿都靠不上。

所以，王贞白干了没多久就干不下去了，他把辞职报告朝办公桌上一搁，一声不响地就收拾行李回江西老家了。

那一年的王贞白，只有三十来岁的年纪，就退隐江湖了。

◎ 一字之师

虽说退隐江湖，可王贞白也一直没闲着，他在老家兴办教育，教小孩子读书学习，这其实才是他的最爱。因为王贞白从小就是个特别爱学习的好同学，当年他还在江西白鹿洞书院读书的时候，不就给我们留下过"一寸光阴一寸金"这样的金句吗？

这首诗的全诗是这样的：

> 读书不觉已春深，一寸光阴一寸金。
> 不是道人来引笑，周情孔思正追寻。

因为总是担心时间只一个眨眼的工夫就溜走了，所以王贞白读书读得非常认真，以至于旁边有人经过他都不知道，因为他的注意力全都投入到书本里去了。

王贞白的这种求学精神从小到大，一直都不曾变过。

他有一个特别要好的朋友，名叫郑谷，也是位诗人。王贞白每次写好了诗，都要拿给郑谷看，让郑谷给他提提修改意见。而当他遇到了诗写得极好，又很是自负的贯休时，王贞白立即又将贯休拜作老师一样的人物，经常寄诗给贯休，让贯休给自己指点修改。

这一回，他寄给贯休的，是一首《御沟诗》：

> 一带御沟水，绿槐相荫清。
> 此波涵帝泽，无处濯尘缨。
> 鸟道来虽险，龙池到自平。
> 朝宗本心切，愿向急流倾。

贯休拿到这首诗的时候，当时并没有说什么。直到后来两个人见面了，又聊到了这首诗时贯休对王贞白说："我这个人一般不喜欢别人改我的诗，所以我也不太喜欢改别人的诗，但你既然今天提到了这首诗，我还是要告诉你，这首诗里有个字用得不太适合。"

王贞白当时想了想，他大概是没有琢磨出来究竟哪个字不好，于是便转身离开了。

贯休也不追他，而是在自己的手上写了一个字，然后坐在那儿静静地等着王贞白。

果然，很快，王贞白就回来了，他问贯休："是不是'此波涵帝泽'里的这个'波'字用得不合适，如果改成'中'字会不会更好呢？"

贯休微微一笑，手掌打开来，竟然就是个"中"字。两个人不谋而合。

王贞白当时非常感激贯休，他深深地给贯休鞠了躬，说："您可真是我的一字之师啊。"

中国文学史上关于"一字之师"的故事非常多。比如，宋朝有个叫萧楚才的人在溧阳做县令，有一天，他去上司张乖崖的家里做客，正好看见张乖崖刚刚写好的一首诗，其中有这样的一个句子：

独恨太平无一事，江南闲杀老尚书。

萧楚才当时看完以后，一声不响地就把"恨"给改成了"幸"字。

张乖崖自然不高兴，诗人嘛，大都不喜欢别人随意改动自己的句子。

可是萧楚才只问了张乖崖一句话，张乖崖立即就对萧楚才连连作揖，说："老弟，你真是我的一字之师啊。"

萧楚才对张乖崖说了什么呢？

他说："太平盛世，张老先生您好好做您的官不好吗，为什么还要心中有恨，怎么，您是巴不得天下大乱才好吗？"

是什么样的人，肯花自己的时间与智慧，去为你修改诗文呢？我通常都以为，是那种真心待你好的人，这是文人之间最为珍贵的一种情谊。

所以，贯休和王贞白果然因为这个"波"与"中"字以后，感情愈加深厚，成为了非常要好的朋友。

那么现在问题来了，贯休都能提起笔来给王贞白改诗，为什么他却那么反感钱镠来改他的诗呢？

这倒是让我想起了一位作家朋友给我讲的一件事情。

那年年终，有位领导让他写篇文章，大概意思是夸赞一下领导一年以来的工作业绩。朋友碍于情面，一开始还真给领导写了。可领导拿去一看，觉得朋友这里没写清楚，那里没写明白，总之一句话，就是没把他夸到位。

朋友一气之下拉开大门就走，下楼就把那位领导的微信拉黑了。

文人的小任性，有的时候，最烦的是以权压人，所以我们都觉得朋友干得很漂亮。包括贯休怼钱镠，同样干得很漂亮。

图书在版编目（CIP）数据

唐朝诗人的朋友圈 / 王一凡著. -- 贵阳：贵州人民出版社，2023.11
ISBN 978-7-221-17929-6

Ⅰ.①唐… Ⅱ.①王… Ⅲ.①诗人－生平事迹－中国－唐代－通俗读物 Ⅳ.①K825.6-49

中国国家版本馆CIP数据核字(2023)第180005号

TANGCHAO SHIREN DE PENGYOUQUAN
唐朝诗人的朋友圈
王一凡 著

出 版 人　朱文迅
策划编辑　杨　悦
责任编辑　杨进梅
装帧设计　东合社
责任印制　冯宏霞

出版发行　贵州出版集团　贵州人民出版社
地　　址　贵阳市观山湖区中天会展城会展东路SOHO公寓A座
印　　刷　北京中科印刷有限公司
版　　次　2023年11月第1版
印　　次　2025年2月第3次
开　　本　880毫米*1230毫米　1/32
印　　张　9.75
字　　数　220千字
书　　号　ISBN 978-7-221-17929-6
定　　价　54.00元

如发现图书印装质量问题，请与印刷厂联系调换；版权所有，翻版必究；未经允许，不得转载。